150 Jahre
Kohlhammer

Brennpunkt Schule

Herausgegeben von

Fred Berger
Herbert Scheithauer
Wilfried Schubarth

Ralf Laging

Bewegung in Schule und Unterricht

Anregungen für eine bewegungsorientierte Schulentwicklung

Verlag W. Kohlhammer

1. Auflage 2017

Gesamtherstellung: W. Kohlhammer GmbH, Stuttgart

Print:
ISBN 978-3-17-029763-0

E-Book-Formate:
pdf: ISBN 978-3-17-029764-7
epub: ISBN 978-3-17-029765-4
mobi: ISBN 978-3-17-029766-1

Inhalt

Einleitung

Schule und Unterricht sind bedeutende, räumlich und zeitlich einflussreiche Einrichtungen im Aufwachsen von Kindern und Jugendlichen. Gleichwohl weisen sie gegenüber pädagogischen, curricularen oder gesellschaftlichen Entwicklungen eine weitgehende Kontinuität auf. Ob es um Verkürzung der Gymnasialzeit, Einführung von Ganztagsschulen, Neuentwicklung von Gemeinschaftsschulen, Wechsel zur Kompetenzorientierung, Gestaltung von inklusiven Schulen oder eben um eine Bewegungsorientierung von Schule und Unterricht geht – die Umsetzung politisch und/oder pädagogisch gewollter Schulentwicklungsprozesse bewegt sich zwischen Stagnation und vorsichtiger Innovation. Nun mag eine Bewegungsorientierung weit weniger gewichtig erscheinen als die großen »Umwälzungen« durch Ganztagsschule oder Inklusion, sie ist allerdings ein Thema, das quer zu anderen schulstrukturellen und -konzeptionellen Entwicklungen liegt. Sie spricht zwei Ebenen an: Auf der ersten Ebene müssen sich Schulen als Institutionen bewegen und Antworten auf die gesellschaftlichen und individuellen Herausforderungen geben, und auf der zweiten Ebene ist es das Sich-Bewegen der Akteure, das Gelegenheiten bietet, sich selbst, andere und anderes sinnlich-leiblich in Erfahrung zu bringen. Beide Ebenen bedingen sich wechselseitig: Es lassen sich kaum Bewegungsaktivitäten und bewegtes Lernen einführen, ohne die Schule als Institution in ihrem Selbstverständnis zu verändern. Und ebenso muss die Schulentwicklung beachten, dass Kinder und Jugendliche nicht nur mit dem Kopf in die Schule kommen, sondern immer als ganze Person ihren Körper dabei haben.

Bewegen ist wie Denken und Sprechen eine Basiskompetenz der Weltbegegnung und -erschließung. Es eröffnet – mit welchem Vermögen auch immer – die Möglichkeit eines auf leiblichem Wahrnehmen und Gestalten beruhenden ästhetischen Selbst- und Weltbezugs. Im Bewegen erleben wir uns in unserer körperlichen Existenz und zugleich erschließen wir uns die Welt durch Bewegung – unser Einwirken auf die Welt findet in der erlebten Körperlichkeit seine Resonanz. Wir finden uns in der Welt zurecht, weil wir uns darin bewegen, wir erfahren Raum und Zeit, weil sich diese erst in Bewegung konstituieren, wir »wissen« auch körperlich, was nah und weit, schnell und langsam ist, weil es sich um leibliche Dimensionen der Weltbegegnung handelt. Einen Handstand können wir turnen, wenn wir die körperlichen Möglichkeiten besitzen und uns – gedacht als selbstreferenzielles System – um seiner selbst willen in Form bringen. Wir gehen im Spiel auf, »verlieren« uns darin und können uns selbst in ihm erkennen. Wir tanzen und bringen unsere Körperlichkeit zum Ausdruck, wir rennen mit anderen um die Wette, um uns zu vergleichen, wir erleben physikalische Gesetzmäßigkeiten dann, wenn wir uns bewegen oder etwas von uns wegbewegen. Bewegung kann als fundamentale Möglichkeit der Selbst- und Weltwahrnehmung verstanden werden, sie ist zugleich nicht durch andere Formen der Erfahrung zu ersetzen: Bewegen muss ich mich selbst, ein In-der-Welt-Sein ist existenziell nur in Bewegung möglich.

Vor diesem ersten anthropologischen und pädagogisch-philosophischen Verständnis von Bewegung (▸ Kap. 1) muss auch die Diskussion um ausreichende Bewegungsmöglichkeiten für Kinder und Jugendliche gesehen werden. Viele der vorliegenden wissenschaftlichen Studien zum Bewegungsstatus von Kindern verweisen – mit zwar widersprüchlichen Ergebnissen, aber mit notwendigerweise zu reflektierenden Tendenzen – auf einen Rückgang der motorischen Leistungsfähigkeit von Kindern und Jugendlichen (▸ Kap. 2). Gleichzeitig werden die Validität der Instrumente und die Vergleichsebene problematisiert und wird zur Vorsicht geraten, wenn es um pädagogische Konsequenzen geht. In dieser Auslegung wird Bewegung vor allem als Beitrag zur körperlichen Gesundheit diskutiert: Gefragt wird danach, welche Risiken entstehen, wenn sich Kinder und Jugendliche zu wenig bewegen. Kritisiert werden die Sitzschule und die – historisch betrachtet – zögerliche Einführung von »mobilen Klassenzimmern« (▸ Kap. 3). Andere Konzepte zur Bewegungsorientierung von Schule verweisen auf den grundlegenden Beitrag von Bewegung zur Bildung und Entwicklung von Kindern und Jugendlichen. Danach ist Bewegung ein fundamentales Element zur Gestaltung von Schule und ist insofern Teil von Schulentwicklungs- und Schulprogrammarbeit. Bewegung und Sport werden sowohl als Gelegenheit zur körperlichen Identitäts- und Könnensentwicklung verstanden als auch als Möglichkeit, das Lernen im Unterricht und Schulalltag zu unterstützen (▸ Kap. 4). Nun hat die Ganztagsschulentwicklung die Bedeutung von Bewegung in Schule und Unterricht noch einmal vor neue Herausforderungen gestellt. Dabei geht es um die grundlegende Frage, wie eine ganztägig gestaltete Schule der neuen Verantwortung für Körperlichkeit und Bewegung gerecht werden kann (▸ Kap. 5). In Konzepten der Bewegten Schule werden daher Erfahrungsfelder vorgeschlagen, in denen Bewegungsaktivitäten – auch ganztägig – zu fördern sind: Bewegung in informellen Schulfreiräumen (Schulhof und Schulgebäude), Bewegung als Element der Rhythmisierung von Tagesabläufen, Bewegungs- und Sport-AGs, Bewegung im Unterricht, Bewegungspausen, bewegtes Lernen in allen Fächern, Bewegungs- und Sportfeste. Auf diese Weise leistet das Sich-Bewegen einen Beitrag zur bewegungsorientierten Schulkultur, die die Schülerinnen und Schüler einer Schule leben und die nach außen strahlt und Profil gibt. Eine solche Entwicklung lässt sich nicht »einfach« umsetzen, sie bedarf der gezielten Schulentwicklungsarbeit (▸ Kap. 6).

Das Buch verfolgt mit seinem Aufbau eine Sensibilisierung für Bewegungsaktivitäten und Prozesse leiblicher Bildung und will Möglichkeiten zur bewegungsbezogenen Reflexion und Gestaltung von Schule und Unterricht aufzeigen. Gleichwohl bleibt die Bewegungsorientierung in Schule und Unterricht eine unabgeschlossene Aufgabe, die sich gegen die Dominanz der kognitiven Orientierung im Kontext von Leistungsvergleichsstudien permanent neu in Erinnerung rufen muss.

1

Grundlagen: Bewegung

Die menschliche Bewegung ist wie Sprache ein Modus der Verständigung und Begegnung mit der materialen und sozialen Welt. Sie ist Grundlage unseres ästhetisch-expressiven Umgangs miteinander und zugleich die Bedingung der Möglichkeit zur Weltbegegnung im Modus »physischer Expression« (vgl. Baumert, 2002, S. 113). Bewegen und Sprechen sind Ausdruck sinnlich-leiblicher und intellektueller Fähigkeiten, die uns helfen, die Welt zu verstehen. Zugleich sind Denken und (körperliches) Handeln im Sinne ästhetischer Erfahrung verbunden mit der Fähigkeit zur Reflexion auf sprachlicher und leiblicher Ebene (vgl. Franke, 2003). Wir lernen im konkreten Handeln etwas über die soziale und dingliche Welt, wir lernen, uns selbst im Alltag und im Sport mit unterschiedlichem Zweckbezug in Bewegung hervorzubringen, und wir lernen etwas über unser Selbst in körperlicher, emotionaler, sozialer und kognitiver Hinsicht (vgl. Zimmer, 2010). Unsere Identität gewinnen wir insofern erst im Handeln in der Reflexivität mit der Welt.

Je nach wissenschaftlicher Perspektive können wir die *menschliche Bewegung* im Kontext motorischer Entwicklung, körperlicher Sozialisation, gesellschaftlicher Bedingungen, motorischen Lernens und Trainierens oder phänomenaler Begegnung mit der Welt untersuchen. Im *pädagogischen* Kontext von Schule und Unterricht ist Bewegung in zweierlei Hinsicht bedeutsam: Zum einen als sportliches Bewegen im Rahmen des Sportunterrichts und zum anderen als leibliches Potenzial schulischen Lebens und Lernens. Das vorliegende Buch befasst sich mit der zweiten Hinsicht und thematisiert die *bewegungs*pädagogischen Möglichkeiten von Bewegung zur Gestaltung von Schule und Unterricht. Für diese Thematik wird ein Bewegungsverständnis entfaltet, das in erster Linie bildungstheoretischen und anthropologischen Ansätzen folgt.

Diese Perspektive eröffnet die Möglichkeit, eine über die Fächer hinausreichende Argumentation vorzutragen und für die in Schule und Unterricht beobachtbare Trennung von Motorik, Kultur und Kognition (also: für den »Körper« ist der Sportunterricht, für das »Kulturelle« sind die musisch-ästhetischen Fächer und für den »Kopf« sind die Sprachen, Mathematik, Natur- und Sozialwissenschaften zuständig) zu sensibilisieren und eine Konzeption zur schulischen Bewegungsorientierung vorzustellen. Insofern wird eine bewegungspädagogische Position entwickelt, die zunächst das Selbstverständnis von »*Bewegen als Weltbegegnung*« klärt (▸ Kap. 1.1), um dann die sich daran anschließenden zentralen Themen einer bewegungsorientierten Schule aufzuzeigen. Bewegung wird sowohl als intentionale Handlung alltäglicher und sportiver Situationen verstanden als auch als Mittel leiblicher Erfahrung zur Entwicklungsförderung sowie beim Lernen und in Bildungsprozessen aller Fächer: es geht um »*Bewegen und Raum*« (▸ Kap. 1.2), »*Bewegen und Wahrnehmen*« (▸ Kap. 1.3), »*Bewegen und Lernen*« (▸ Kap. 1.4), »*Bewegen und Entwicklung*« (▸ Kap. 1.5) sowie um »*Bewegen und Bildung*« (▸ Kap. 1.6).

1.1 Bewegen als Weltbegegnung

Die Erörterung der menschlichen Bewegung als Weltbegegnung verweist auf eine anthropologische und phänomenologische Perspektive, die im Folgenden pädagogisch für eine bewegungsorientierte Schulgestaltung ausgelegt werden soll. In diesem Kontext ist Bewegung zuallererst und grundlegend Selbstbewegung als Möglichkeit menschlicher Existenz. Damit bleibt die physikalische Betrachtung von Bewegung im Gefolge von Descartes als messbare und lokalisierbare Ortsveränderung in Raum und Zeit, wie sie vor allem in der Sportmotorik und in der Sportbiomechanik untersucht wird, unberücksichtigt.

Aus anthropologischer Perspektive sind Bewegungen körperliche Handlungen des Menschen zwischen Subjekt und sozialer bzw. materialer Welt, sie sind intentional auf etwas gerichtet und zugleich Aufführungen ihrer selbst; sie sind flüchtig und nur im Vollzug erleb- und sichtbar. Das ist ein entscheidender Punkt im Gegenstandsverständnis von Bewegung: Ähnlich wie in der Musik das Musizieren ist auch die Bewegung auf den lebendigen Vollzug angewiesen. Sie vollzieht sich in der sinnlich-leiblichen Wahrnehmung in Raum und Zeit und hebt den gelebten Raum und die gelebte Zeit in sich auf (vgl. Gebauer & Wulf, 1998).

Dieses Verständnis von Bewegung lässt sich besonders anschaulich am kindlichen Spiel zeigen. Auf dem Schulhof einer Grundschule mit entsprechenden Bewegungsgelegenheiten lässt sich beispielweise Folgendes beobachten: Kinder spielen auf unterschiedliche Weise mit Bällen, sie spielen Nachlaufspiele, springen mit dem Seil, klettern über Baumstämme oder in Bäumen herum, balancieren auf Mauern oder vergnügen sich mit Hüpf- und Hinkelspielen. Dies geschieht jeweils mit Bezug auf etwas außerhalb ihrer selbst: auf den Ball, der in den Korb geworfen wird, auf Bäume, die als Anlaufpunkt dienen, auf den freien Raum, der zum Spielraum erklärt wird, auf Pedalos, deren Eigenschaften erkundet werden, und auf andere Kinder, denen sie beim Versteckspiel als »Gegenüber« begegnen. Sie sind also nicht nur auf die sie umgebende materiale Welt verwiesen, sondern immer auch auf die Beziehung zu anderen Kindern; sie brauchen die anderen als Mitspieler, sie beobachten sich gegenseitig, sie ringen körperlich miteinander, sie sind im Gespräch und zugleich drücken sie sich körperlich aus. Die Bewegungsaktivitäten sind in ein Handlungsgeschehen eingebunden, das mehr umfasst als die Motorik eines Menschen.

In diesem Sinne bedeutet Bewegung »Welterzeugung im gegenseitigen Austausch« (Gebauer & Wulf, 1998, S. 24). Insofern lässt sich Bewegung als Dialog des Menschen mit den Dingen und der sozialen Welt verstehen (vgl. Tamboer, 1979; Trebels, 1992). Phänomenologisch betrachtet begründet sich in der leiblichen Existenz die grundlegende Weise unseres menschlichen Zur-Welt-Seins, die sich beim Bewegen darin zeigt, dass wir uns in unserem Bewegen immer auf etwas außerhalb unserer selbst beziehen (vgl. Merleau-Ponty, 1966). In dieser relationalen Betrachtungsweise geht es um das Verhältnis, das der Mensch zu sich und seiner Welt in der Bewegung im Modus leiblicher Erfahrung, ausbildet und findet.

Die Selbstbewegung ist dabei an eine *konkrete Situation* gebunden, in der sich der Mensch *sinn*voll bewegt und zugleich der Situation *Bedeutung* verleiht (vgl. Trebels, 1992). Situationen »tragen« bereits etwas Vorgegebenes in sich und werden zugleich im Bewegen erzeugt. Die Bewegungsformen, die als gemachte Sache Kindern und Jugendlichen begegnen, verweisen auf einen kulturellen Konsens, wie er sich im Sport, aber auch bei Alltagsbewegungen oder in Gesten und Köperhaltungen mit ihren einverleibten Strukturen gesellschaftlicher Praktiken zeigt. Im Kontext bewegungsorientierter Schulgestaltung ist es hilfreich, diesen Konsens im Sport und bei wenig normierten Bewegungsaktivitäten im Vergleich zu Alltagsbewegungen zu reflektieren. So lernen Kinder sehr schnell, dass der Sandkasten auf dem Spielplatz zum Spielen für sie bestimmt ist und nicht zum Weitspringen. Umgekehrt ist die Weitsprunggrube auf dem Sportplatz zum Weitspringen und nicht zum Spielen für Kinder vorgesehen. Ebenso haben Personen in bestimmten Situationen Bedeutungen, mit denen sich andere auseinandersetzen müssen. Jemand kann zum Weitspringer, Artisten oder Anführer einer Kinderbande werden. Läufer könnte man für Flüchtende halten, wüsste man nicht, dass sie an einem sportlichen Wettkampf teilnehmen. Man könnte das Hineinwerfen des Balles in den Basketballkorb für völlig unsinnig halten, weil er doch sowieso gleich wieder herausfällt, wüssten wir nicht, dass es sich um ein Sportspiel handelt, bei dem auf diese Weise Punkte erzielt werden (vgl. Volkamer, 1987, S. 54 f.; Grupe, 1982, S. 67 f.). Akteure unterliegen insofern einer bereits normativ und kulturell bestimmten Bewegungswelt, die sie deuten und verstehen müssen und die sie zugleich als aktiv Handelnde mit ihren Deutungen und Gestaltungen herstellen.

Bewegungstheoretisch ist zunächst unerheblich, ob es sich um die Bewältigung einer Alltagsaufgabe, wie z. B. das Hochsteigen auf eine Leiter, einer sportlichen Fertigkeit, wie z. B. das Überspringen einer Hochsprunglatte, oder einer Bewegungsaufführung, wie z. B. eines Tanzes beim Schulfest, handelt. Bedeutsam werden die Unterschiede in der Differenz von sportlichen Bewegungen und Alltagsbewegungen dann, wenn es um den Zweck der Bewegung geht. Hier muss eine Unterscheidung von telischen (zweckorientierten) und autotelischen (selbstzweckhaften) Bewegungsvollzügen vorgenommen werden (vgl. Prohl, 2006, S. 235). Sportliche Formen unterscheiden sich von Alltagsbewegungen dadurch, dass sie selbstbezüglich und folgenlos sind (sie haben nach dem Vollzug außer für das Subjekt und die sportliche Situation selbst keine Folgen für etwas außerhalb dieser sportlichen Situation), sie werden um ihrer selbst willen vollzogen (vgl. Volkamer, 1987, S. 53; Scherer, 2008). Das Hochsteigen auf eine Leiter im Obstbaum dient dagegen *einem* Zweck, nämlich Obst zu pflücken. Bewegungen weisen als Alltagsbewegungen eine deutliche Zweckbestimmung auf, im Sport liegt der Zweck dagegen in der Bewegung selbst, unabhängig davon, ob es darum geht, sich »in Form« zu bringen (wie beim Tanzen oder im Turnen), seine Leistung zu steigern oder sich in Spielsituationen gemäß der Spielidee zu bewegen. Sportliche Bewegungen sind demnach immer die Zumutung von »freiwillige[n] Selbsterschwernis[sen] unseres Lebens« (Grupe, 1982, S. 107).

Für die Grundlegung einer Bewegungsorientierung von Schule und Unterricht ist zunächst einmal das selbstzweckhafte Bewegen bedeutsam, das um seiner selbst willen in unterschiedlichen Bewegungsräumen der Schule vollzogen wird. Erst später wird der Gedanke der zweckhaften Bewegung wieder aufgenommen, nämlich dann, wenn es um die Funktion der Bewegung zur Unterstützung von Unterricht und Lernen im Klassenraum geht.

Bewegungshandlungen wirken in die Welt hinein und können dort als solche von anderen wahrgenommen werden. Sie »wirken« aber nicht nur nach außen, sie sind immer auch selbst körperlich spürbar, besonders dann, wenn eine Bewegung Wohl- oder Missbefinden auslöst, eine Bewegung als gekonnt oder misslungen erlebt wird, wenn Lust an der Bewegungswiederholung aufkommt oder eine leidvolle Erfahrung z. B. im Umgang mit Rollgeräten oder Bewegungskunststücken gemacht wird (vgl. Grupe, 1982, S. 67 ff.). So bemerken Kinder und Jugendliche Rück- und Fortschritte bzw. Veränderungen in ihrer Bewegungs- und Könnensentwicklung sowie in ihrer körperlichen Leistungsfähigkeit unmittelbar im Bewegungsvollzug. Insofern ist das Sich-Bewegen in seinem »*Spüren und Bewirken*« (Trebels, 1990) immer Funktion von etwas, sowohl in mehr oder weniger sportiven Situationen als geschickter und optimierter Umgang mit den körperlichen Möglichkeiten zur Steigerung einer sportlichen Leistung, als auch zur Ausbildung einer Ich-Identität, eines sozialen und einfühlsamen Umgangs miteinander sowie zur Symbolisierung nichtsprachlicher Bewegungshandlungen, um sich und die Welt zu verstehen. Dazu gehören Erfahrungen in den Kategorien von Raum und Zeit, zur Beschaffenheit einer Sache, zu Gesetzmäßigkeiten, die wirksam und geschickt zu handhaben sind, zu symbolischen Handlungen und in der Reflexion des eigenen Bewegungsausdrucks im Spiegel der anderen (vgl. Funke-Wieneke, 2010; Franke, 2005). Insofern erzeugt Bewegung als Bewegungshandlung immer leibliche Resonanzen, die das menschliche Handeln als Ganzes betreffen (vgl. Rittelmeyer, 2002, S. 88 ff.). Sich-Bewegen ist demnach die Bedingung der Möglichkeit zur lernenden Weltbegegnung (vgl. Scherer & Bietz, 2013, S. 61 ff.).

Eine so verstandene Bewegungsorientierung bezieht sich in der Schule sowohl auf das fachliche Lernen als auch auf die überfachliche Schulgestaltung. *Fachliches* Lernen meint die Auseinandersetzung mit den Lerngegenständen, im Sportunterricht in selbstzweckhafter Weise im Medium der Bewegung und in anderen Fächern mit dem Mittel der Bewegung zum Zweck der Lernbegleitung und Unterrichtsgestaltung; die *überfachliche* Schulgestaltung meint den Beitrag von Bewegungsaktivitäten in informellen Bewegungssituationen in unterrichtsfreien Zeiten, Pausen oder in Arbeitsgemeinschaften und Wahlkursen, die nicht den üblichen Schulcurricula unterliegen.

1.2 Bewegen und Raum

Nun ist das Bewegen ganz grundsätzlich an räumliche Möglichkeiten gebunden. Erst wenn wir ähnlich der menschlichen Bewegung auch ein Raumverständnis entwickeln, können wir die Qualität von Bewegungsräumen in Form ihrer Beschaffenheit und Gestaltung einschätzen. Dabei geht es um den unauflösbaren Zusammenhang von Bewegung und Raum. Schulräume wie auch Wohn-, Stadt-, Landschaftsräume werden bis heute fast ausschließlich als Flächen oder dreidimensionale Behälter aufgefasst, die für die verschiedenen Zwecke *ausgestattet* werden. Am Beispiel der Schulhofgestaltung lässt sich dies gut zeigen (vgl. Dietrich u. a., 2005; Derecik, 2011; 2014). Schulhöfe werden meist – je nach verfügbaren finanziellen Ressourcen – »altersadäquat« mit Geräten (z. B. Klettergeräte, Basketballanlage) ausgestattet, ohne gemeinsam mit den Akteuren die Raumgestaltung zu entwickeln oder sich klarzumachen, dass ein Raum erst durch die Bewegungen der Akteure zu einem Bewegungsraum wird. Erst wenn reflektiert wird, dass nicht allein durch die Ausstattung mit Geräten, einen geeigneten Untergrund oder angemessene Bepflanzung das entsteht, was einen Bewegungsraum definiert, sondern die Bewegung selbst konstitutiv ist für das, was einen Raum zum Bewegungsraum macht, kommt die *Beziehung* zwischen Bewegung und Raum in den Blick. Der Raum erlangt erst Bedeutung durch die Interpretation und Definition der Akteure selbst.

Zu Bewegungs- und Spielräumen können alle möglichen Flächen und Orte unserer Umgebung werden. Kinder und Jugendliche wie auch Erwachsene machen Räume dadurch zu Bewegungsräumen, dass sie sich bewegen. So können die scheinbar unmöglichsten Orte zu Bewegungsräumen werden: Treppenhäuser, Müllhalden, Vorgärten, Bürgersteige, Brücken, Uferwiesen, Einkaufshallen, Promeniermeilen usw. Gleichzeitig gilt, dass die Räume mit ihren Gegebenheiten und Strukturen, so wie sie vorgefunden werden, Spiel- und Bewegungsaktivitäten ermöglichen oder verhindern. Über Bewegung schafft der Mensch eine je spezifische Raumstruktur, die ihrerseits als bereits vorliegende Objektivation dem Menschen begegnet: »Die Eigenschaften des vitalen Raumes regulieren unsere Bewegungen und Empfindungen, welche wiederum die Struktur des Raumes definiert« (Buytendijk, 1956, S. 50).

Eine Begrenzung dieses grundsätzlich vorhandenen wechselseitigen und offenen Wirkungszusammenhangs lässt sich beispielhaft besonders gut an den Sporträumen als ökologische Ausschnitte der Lebenswelt zeigen. So sind die uns bekannten Sportstätten im historischen Prozess »der Abstimmung von Bewegungsmöglichkeiten und räumlicher Bedingungen« (Dietrich, 1992, S. 17) entstanden. Unter den leitenden Prinzipien der Leistungssteigerung und des Leistungsvergleichs haben sich spezifisch konstruierte Sporträume entwickelt, die die menschlichen Bewegungsmöglichkeiten bereits baulich in sportive Bewegungsvorschriften umsetzen – der Sport ist in seiner Normativität im Sport-Raum konserviert. Die nach DIN und den Regeln der Sportarten gebauten Sportstätten lassen Neuinterpretationen und Umdeutungen sehr viel schwerer zu, als dies in informellen Settings von naturnahen oder auch urbanen Räumen möglich ist.

Der Anspruch auf Neu- und Umdeutung zeigt sich daher vor allem bei nichtsportlichen Bewegungsaktivitäten außerhalb der klassischen Sportstätten. So ist die Bewegungskultur des Joggens, Skateboardfahrens, Jonglierens, Inlineskatings, Mountainbikefahrens oder Streetballspielens weit weniger durch sportive Strukturen in Form von Regeln und Raumvorgaben bestimmt, als dies bei Sportarten in normierten Sportstätten der Fall ist. Neue Bewegungsaktivitäten (z. B. Le Parkour) verweisen daher auf die körperliche Auseinandersetzung mit der Verbauung und Asphaltierung unserer Lebenswelt.

Nicht nur in der selbstbezüglichen Bewegung des Sports oder in anderen weniger normierten Bewegungsaktivitäten ist die Verbundenheit mit dem Raum bedeutsam, auch die in oder über Bewegung wahrgenommenen Räume deuten auf die Verbundenheit des Raumes mit dem leiblichen Empfinden hin. So sind die Schulbauten für Schülerinnen und Schüler Räume, zu denen sie eine leibliche Beziehung aufbauen. Sie werden »beschwingt, abweisend, freilassend, ironisch, gesichtslos, lebendig, kalt usw.« wahrgenommen, »sie sprechen [...] eine ›Sprache‹« (Rittelmeyer, 2002, S. 74). Wir können davon ausgehen, dass an der Wahrnehmung des Raumes nicht allein das »Sehen« beteiligt ist, sondern das gesamte Sinnesspektrum: »Wir *sehen* Raumformen und -farben, *tasten* Türklinken und Tischoberflächen, *riechen* Bau- und Farbmaterialien, *hören* den Raumklang, *spüren* die Wärme und Kälte von Holz- und Stahlmaterialien usw.« (ebd., S. 77). Darüber hinaus sind auch Gleichgewichtsempfinden und Eigenbewegungsempfinden sowie das Wahrnehmen unserer Körperfunktionen immer an der Raumwahrnehmung beteiligt. Deutlich wird dies dann, wenn wir den Raum schon wahrnehmen, bevor wir darüber reflektieren: »So scheint nasser Sand eine Art Aufforderungscharakter zum Formen und Bauen, also zur haptischen Tätigkeit zu haben; am Wege liegende Baumstämme ziehen manche Menschen fast magisch an, darauf zu balancieren, etc.« (ebd., S. 58). Die Intentionalität unseres Leibes macht die gedankliche und sinnstiftende Tätigkeit überhaupt erst möglich. Bevor wir über den Raum *nach*-denken, haben wir den Raum *vor*-sprachlich bereits leiblich konstituiert. Die Bewegung befördernden oder verhindernden und emotional begleitenden sowie sinnstiftenden Momente eines Raumes sind daher durch uns selbst bereits im Raum hinterlegt, sie werden im leiblichen Resonanzraum aufgenommen und im Nachgang unseres Bewegens durch Reflexion bewusst.

Die dargelegte Beziehung von Raum und Bewegung verweist auf ein relationales Raummodell in der Interaktion von Mensch und Welt, wie es in neueren soziologischen Raumkonzepten diskutiert wird. Es misst den Akteuren eine aktive Rolle bei der Raumdefinition zu und grenzt sich fundamental von früheren Vorstellungen aus der Physik zum absoluten Raum als »Container« ab. Diese relationale Beziehung versteht Raum als »(An)Ordnungen von Lebewesen und sozialen Gütern« (Löw, 2001, S. 212), die an den jeweiligen Orten Räume (z. B. für Bewegung) entstehen lassen. Martina Löw (2001) verbindet in ihrem Raumkonzept *Ordnung* (Strukturen) von Räumen mit *intentionalen Handlungsakten* der Akteure und zeigt, dass Räume immer das Ergebnis des Anordnens sind und überhaupt erst über Akteure hergestellt werden. Damit überwindet sie die Vorstellung von konzentrisch größer werdenden Entwicklungsräumen von Kindern und Jugendlichen im Sinne eines »Zonenmodells« von der Wohnung über das Umfeld und den Institutionen zu temporären Orten außerhalb des Wohnbezirks (Baacke, 1991, S. 62 ff.) ebenso wie die eines »Inselmodells« (Zeiher & Zeiher, 1994, S. 17 ff.), wonach Kinder und Jugendliche sich »nur noch« gezielt in definierten Rauminseln, wie Schule, Jugendeinrichtung, Spielplatz, Schwimmbad, Fußballplatz, Kaufhaus oder Disko, aufhalten. Allerdings verwirft Löw (2001, S. 265) das Inselmodell nicht vollständig, vielmehr erfährt es insofern eine Erweiterung, als sie den Raum nicht nur als »einzelne funktionsgebundene Inseln« versteht, sondern diese durch »Syntheseleistungen zu Räumen verknüpft« sieht. Entsprechend folgert Löw (2001, S. 266):

> »Diese neue Sozialisationserfahrung bestätigt nicht mehr die Vorstellung im Raum zu leben. Raum wird nun auch als diskontinuierlich konstituierbar und bewegt erfahren. An einem Ort können sich verschiedene Räume herausbilden. Dadurch entsteht [...] neben der kulturell tradierten Vorstellung [...] auch eine Vorstellung vom Raum, die einem fließenden Netzwerk vergleichbar ist.«

In dieser Vorstellung von Raum erfolgt die Schaffung und Verknüpfung von Räumen im Sinne von *Spacing* und *Syntheseleistung* als eigenständige Leistung des Subjekts.

Diese Raumkonzeption schließt an das oben skizzierte anthropologische Selbstverständnis von Raum und Bewegung an: Kinder und Jugendliche suchen in der Schule ebenso wie im öffentlichen Raum Orte auf, an denen sie sich in informellen, formalen und nonformalen Kontexten bewegen (vgl. Neuber, 2010) und Räume zu ihren Bewegungsräumen (um)definieren. Dies betrifft in der Schule die Klassenräume, Flure und Aufenthaltsräume im Schulgebäude ebenso wie die Freiraumgestaltung auf dem Schulhof und im weiteren Schulgelände. Hier geht es speziell um Bewegungsaktivitäten in informellen und formellen Kontexten. Daher ist es nicht unerheblich, wie diese Räume strukturiert und beschaffen sind, sie ermöglichen jeweils unterschiedliche Nutzungen und Bewegungsaktivitäten (vgl. Derecik, 2011). Erst aus der Reflexion des Zusammenhangs von Raum und Bewegung können Ideen und Möglichkeiten zur konstruktiven gemeinsamen bewegungsorientierten Raumgestaltung entstehen.

1.3 Bewegen und Wahrnehmen

Das dargelegte Bewegungsverständnis beruht auf phänomenologischen Überlegungen von Erwin Straus (1956) und Maurice Merleau-Ponty (1966) zu Sinnlichkeit und Wahrnehmung. Sie verweisen auf die *Einheit der Sinne* im lebendigen Bewegungsvollzug. Der Grundgedanke lässt sich so zusammenfassen: Wir empfinden, dass wir leibhaftig in der Welt sind – das Empfundene spüren wir in leiblichen Regungen. Dabei nehmen nicht einzelne Sinnesorgane, sondern der ganze Mensch wahr. Dieser Gedanke soll mit einem Beispiel aus dem Sport veranschaulicht werden: Einen mir zugeworfenen Ball nehme ich nicht wahr, weil ein Reiz auf meine Netzhaut trifft und von hier aus eine Reiz-Reaktions-Kette in Gang setzt, sondern weil ich aus meinem bisherigen Erfahrungshorizont im Umgang mit Bällen den anfliegenden Ball und seine Flugbahn deute und meine Bewegungen im Zusammenspiel von Bewegen und Wahrnehmen auf die Anforderung einstelle (Position verändern, Arme ausstrecken, mit dem Körper zurückweichen usw.). Das Wahrnehmen des anfliegenden Balles beruht auf Vorstellungen und Erfahrungen im Umgang mit Bällen, die eine Voraussetzung dafür ist, anfliegende Bälle überhaupt als solche wahrnehmen zu können. In Anschluss an die Wahrnehmungstheorie von Palagyi (1924), können wir Bewegungen nur deswegen wahrnehmen, weil wir uns die Bewegung, die damit verbunden ist, vorstellen können. Insofern sind Wahrnehmen und Bewegen so ineinander verschränkt, das eben nicht dort der »Reiz« (Welt) und hier die »Reaktion« (Ich) verortet ist, sondern Mensch und Welt, Bewegen und Wahrnehmen unauflöslich auf die Einheit der Sinne verwiesen sind. Das Empfinden ist an Bedeutungen gebunden, die im Erfahrungshorizont von bisher Empfundenem ihre Resonanz haben. Dazu ein Beispiel aus der Wahrnehmungstheorie von Merleau-Ponty (1966, S. 32):

> »Bereits die einfachste ›Figur‹ auf einem ›Hintergrund‹, ist […] weit mehr als die Summe aktuell gegebener Qualitäten. […] Daß eine Qualität, eine rote Fläche z. B., etwas bedeutet, etwa einen Fleck auf einer Unterlage, heißt hingegen eben, daß das Rot nicht allein das Farberlebnis ist, in dessen warmer Empfindung ich aufgehe, sondern noch anderes anzeigt, das in ihm nicht eingeschlossen ist, daß es dergestalt eingeht in eine Erkenntnisfunktion, daß seine Teile ein Ganzes bilden und diesem, ein jedes an seiner Stelle unlöslich sich einfügen. Das Rot ist nicht bloß einfach gegenwärtig […], sondern ›intentionales Moment‹ der Wahrnehmung, nicht mein ›Besitz‹, sondern ein ›Vermeintes‹.«

Es sind nicht die physiologischen Reize der Sinnesorgane, die das Rot »warm« erscheinen lassen, vielmehr ist das Empfinden ein Deutungsakt des Wahrnehmenden. Empfindungen »treten in Wahrheit je schon in einem Sinnhorizont auf, die Bedeutsamkeit des Wahrgenommenen […] liegt in Wahrheit jeder Assoziation schon zugrunde« (ebd., S. 35). Alle Empfindungen erzeugen Resonanzen, z. B. dass die Farben Gelb, Rot und Orange als warm empfunden werden. Daher kommt es auf die Bedeutung der wahrgenommenen Farbe an.

Nach den Studien von Straus (1956) können wir annehmen, dass unser Empfinden elementar an unser Bewegen gebunden ist: »Wie

Sehen und Hören, Tasten und Schmecken untereinander, so ist das Empfinden überhaupt mit der lebendigen Bewegung in einem inneren Zusammenhang verbunden« (ebd., S. 239). Dabei weist er besonders darauf hin, dass Bewegung das menschliche Handeln im umfassenden Sinne erfasst: »Der Muskel gerät in Bewegung, der Mensch bewegt sich« (ebd., S. 243). Sich als wahrhaftig in der Welt zu spüren, ist somit auf das Empfinden im leiblichen Resonanzraum verwiesen.

Der Weltbezug entsteht durch ein primäres Ausdruckserfassen eines Gegenübers, wobei wir »den Anderen von unserem eigenen Platze und von unserer eigenen Richtung aus« verstehen, wir erfassen das, was uns im wahrsten Sinne des Wortes »unmittelbar angeht«, das »Empfinden ist also ein sympathetisches Erleben« (ebd., S. 206). Dieser Vorgang ist nun eng mit der menschlichen Bewegung verbunden. Dabei geht es um ein »schon bewegtes Sein, besser ein In-Bewegung-Sein. Bewegung und Empfindung stehen daher in einem inneren Zusammenhang, den es verständlich zu machen und darzustellen gilt« (ebd., S. 200). Straus unterscheidet zwischen einem »Allgemeinen«, das den inneren Zusammenhang konstituiert, und einem »Besonderen«, das spezifische Ausformungen der Bewegung meint. Anschaulich wird dies an seinem Beispiel des Tanzes:

> »Die Kunstformen des Tanzes sind möglich nur als besondere Gestaltung jener zuvor bestehenden Einheit von sinnlichem Eindruck und Bewegung überhaupt. Die Bewegungen eines Tanzes mögen so künstlich sein wie sie wollen, das Künstliche, das Erfundene und Erlernbare an ihnen ist stets nur das Besondere; das Allgemeine aber, wovon sie eine Besonderung sind, die Einheit von Musik und Bewegung ist eine ursprüngliche, keine künstliche, keine erfundene und keine erlernte.« (Straus, 1956, S. 240)

Wahrnehmen und Bewegen sind daher auch grundlegend für Lern- und Bildungsprozesse im Kontext von Schule und Unterricht. Dieser Zusammenhang kann auch als fundamental für den Prozess der Hervorbringung von Bewegungen selbst angesehen werden – und dies bei sportlichen Bewegungen ebenso wie im Alltag: Aus der »bidirektionalen Verknüpfung der Wahrnehmungs- und Bewegungsseite ergibt sich zwingend, dass beim Handeln und Lernen Einflussfaktoren auf der Wahrnehmungsseite Effekte auf der Bewegungsseite zeitigen und umgekehrt, Einflüsse auf der Bewegungsseite Effekte auf der Wahrnehmungsseite« (Scherer & Bietz, 2013, S. 129). Bewegung meint dann die intentionale Bezogenheit des Handelns auf die Welt. Insofern stellt das Sich-Bewegen eine grundlegende Basiskompetenz für Lernen und Bildung in Schule und Unterricht dar.

Der Blick auf die Einheit von Bewegen und Wahrnehmen als leiblicher Resonanzboden für schulische Lern-, Erziehungs- und Bildungsprozesse erscheint aus zwei Gründen dringend geboten zu sein: Zum einen droht den Schulen durch Bildungsstandards eine noch stärkere Abkehr von leibhaftigen Erfahrungen, und zum anderen kann eine Bewegungsorientierung Lernen und Leben in Schule und Unterricht Kinder und Jugendliche in ihrer Entwicklung nachhaltig fördern. Sinnlich-leibliche Erfahrungen entstehen etwa dann, wenn Kinder sich z. B. tastend mit Zahlen und Buchstaben auseinandersetzen und diese in Geschichten wiederentdecken. Hier erzeugt sinnlich Entdecktes leibliche Resonanz und Sinn für das eigene Handeln. Durch diese ästhetische Erkenntnisweise bringt das Kind sich selbst und sein Wissen auf der Grundlage vorgängiger Erfahrungen hervor, die über Bewegen und Wahrnehmen im leiblichen Resonanzraum verortet sind und dort leiblich reflektiert werden. Erst die Bewusstwerdung eines solchen leiblichen Welterfassens macht die ästhetische Erkenntnis einer bewussten und sprachlichen Reflexion und Kommunikation zugänglich. Ähnlich zeigt sich dieser Vorgang in der Auseinandersetzung mit Bewegungsthemen, wenn Kinder ein Kunststück am Turnpferd erfinden wollen und dazu zunächst das Turnpferd wie ein richtiges Pferd in Besitz nehmen und sich auf das Pferd stellen, hinhocken oder sich auf dem Pferd drehen und dabei die Bewegung des Pferdes sichtbar nachempfinden. Auch hier geht es wieder um die Sache, in die sie sich einwurzeln und mit der sie aufgabenbezogen einen Umgang lernen. Sinnverstehen geschieht also im leiblichen Vollzug von Bewegungen und gründet darin, Bewegen und Wahrnehmen als eigene Erkenntnismöglichkeit zu verstehen. Es handelt sich um eine »andere Ausdrucks- und Reflexionsstruktur« unterhalb »der Schwelle des diskursiven Denkens« im Sinne »ästhetischer Erfahrung« (Franke, 2000, S. 108 f.).

1.4 Bewegen und Lernen

Lernen wird bis heute in Schule und Unterricht weitgehend ohne Bezug zu leiblichen Resonanzen gestaltet. Auch wenn in der Schule – und hier in der Grundschule mehr als in den weiterführenden Schulformen – bereits häufig projektartige und handlungsorientierte Formen des Lernens anzutreffen sind, bleibt die Bedeutung von Bewegung für das Lernen weitgehend unreflektiert. Ansätze zum bewegungsorientierten Lernen gehören nicht zu den klassischen Theorien der Lernpsychologie, auch die Pädagogik beklagt seit langer Zeit die fehlende Entwicklung eines einheimischen Lernverständnisses (vgl. Rumpf, 1980; Meyer-Drawe, 1984; 2008; Liebau, 2014). Dies ist schon allein deswegen verwunderlich, weil »Lernen« zum zentralen Auftrag von Schule und Unterricht gehört. Die klassischen psychologischen Lerntheorien, denen sich die Pädagogik mangels eigener Theorien zum Verständnis von Lernen meist bedient, sind in ihrem Grundverständnis recht einheitlich, sie alle begreifen Lernen von seinem Ergebnis her. Üblicherweise wird von einer Änderung des Zustandes Z_1 (= Nicht-Wissen) in Z_2 (= Wissen) ausgegangen und vom Ende her beurteilt, ob jemand gelernt hat oder nicht. Die Lernmodelle sind stark behavioristisch und verhaltenspsychologisch geprägt und verkennen den Kern des pädagogischen Auftrags der Schule. In Schule und Unterricht geht es um Inhalte, mit denen sich die Lernenden auseinandersetzen sollen, um die Dinge und sozialen Zusammenhänge der Welt besser zu *verstehen*. Eine solcherart bildungstheoretisch fundierte Schule hat das Mensch-Welt-Verhältnis im Blick und will zu seiner Weiterentwicklung für den Einzelnen und die Gemeinschaft beitragen. Hier wäre der Kern einer pädagogischen Theorie des Lernens zu verorten (vgl. Göhlich, Wulf & Zirfas, 2014).

So wichtig einzelne Erkenntnisse psychologischer Lerntheorien auch sein mögen, so wenig kann die Pädagogik sich damit zufrieden geben. Sie muss ein pädagogisches Verständnis von Lernen entwickeln, das als Kern die Begegnung in der Sache mit der sozialen und materialen Welt im Blick hat. Dazu gehört auch die Überwindung des nach wie vor existierenden Körper-Geist-Dualismus durch die Berücksichtigung des Zusammenspiels von Wissen und körperlicher Erfahrung im Kontext leiblicher Resonanzen. Hier bildet das Sich-Bewegen eine Grundlage der Erfahrung von Wissen und Können.

Nun scheint die bisherige Dominanz psychologischer Lerntheorien zunehmend durch die Neurowissenschaften abgelöst zu werden. Lernen wird an der Qualität der Verschaltung von Synapsen festgemacht, erfolgreiches Lernen definiert sich dann am materialen Substrat von Nervenzellen (vgl. Spitzer, 2007, S. 146 ff.). Lernen folgt hier einem kausalen, oft mechanistischen und assoziativen Modell der Verkettung von Hirnleistung und molekularen Prozessen. Diese Verschaltungen vermögen kaum Aufschluss über lebensweltliche Zusammenhänge und Verstehensleistungen im Auseinandersetzungsprozess der Lernenden zu geben. Das Phänomen der lernenden Begegnung gerät gar nicht in den Blick, es wird auf molekulare Korrelate reduziert. Das für Lernen und Bewegen bedeutsame subjektive Erleben im Handeln von Menschen bildet sich neuronal auf einer völlig anderen kategorialen Ebene ab und kann nicht mit einer messbaren Hirnleistung gleichgesetzt werden. Sinn entsteht in der unmittelbaren sinnlichen Begegnung mit der Welt im Prozess des menschlichen Handelns, neuronal bleibt nur die Innervation von Nervenzellen übrig. Auch der kulturelle und historische Kontext von Inhalten lässt sich nicht neuronal erfassen. In der Konsequenz laufen die Vorschläge der Neurowissenschaften für die Gestaltung von Lernprozessen auf eine Unterstützung problemorientierten und handlungsorientierten Lernens hinaus, denn erst ein leibhaftiges praktisches Erfahren der Dinge führt durch experimentelles und erkundendes Lernen zu einer Steigerung der Synapsenbildung. Mit Bezug auf den Neurobiologen Henning Scheich schreibt Ulrich Herrmann (2006, S. 11): So können die

»bisherigen Einsichten der aktuellen neurobiologischen und neuropsychologischen Forschung einstweilen nicht mehr leisten, als die ›Weisheiten‹ bestimmter pädagogischer Klassiker zu bestätigen – mit dem kleinen feinen Unterschied, dass wir für viele ihrer Einsichten und Praktiken heute wissen, ›warum sie Recht hatten‹.«

Pädagogische Lerntheorien fokussieren seit der Aufklärung auf das autonome Subjekt und die inhaltliche Begegnung in der Relationalität von Mensch und Welt. Dabei rücken sie den *Prozess* des Lernens gegenüber den ergebnisorientierten psychologischen und auch neurowissenschaftlichen Ansätzen in den Mittelpunkt, um so die »Vollzugsstruktur, den Gang des Lernens als Erfahrung« reflektieren zu können (Lippitz, 1984, S. 87). Die Prozesshaftigkeit des Lernens zeigt sich besonders an den Lernstrategien, Brüchen und Diskontinuitäten in der Begegnung mit den Aufgaben. Dazu ein Beispiel aus einem Beobachtungsprotokoll eines handlungsorientierten Unterrichts der Grundschule:

Die Kinder haben Schnecken gesammelt und ein Terrarium eingerichtet. Phillip sagt zu mir: »Gleich fällt das Haus runter«. Er zeigt auf eine Weinbergschnecke, die gerade über den Rand des Terrariums geklettert ist und mit dem Kopf nach unten die Scheibe herunter kriecht. Ich frage ihn etwas ungläubig: »Meinst Du wirklich!« »Ja« antwortet er selbstsicher, »die können ihr Schneckenhaus verlassen und sich ein neues suchen«. Dabei zeigt er auf die vielen gesammelten leeren Schneckenhäuser. »Die kriechen dann in ein neues Haus, wenn ihnen ihr altes zu klein geworden oder kaputt gegangen ist«. Er verstärkt seine Aussage: »Das habe ich in einem Buch gesehen, wie die ihr Haus verlassen«. Die Kinder versuchen der Schnecke das Haus abzunehmen. Dabei gehen sie sehr vorsichtig mit der Schnecke um. Es gelingt aber nicht.

In dem Beispiel geht es nicht um objektiv »richtiges« Wissen, sondern um das Fragen und Staunen (vgl. Wagenschein, 1982), es geht um die Vorzüge

> »vorwissenschaftlicher, noch nicht theoretisch präformierter Erfahrung [...] Nur derjenige, der Erfahrung gemacht hat, vermag zu lernen. Genauer: Lernen geschieht auf dem Boden der ursprünglichen sinnlich-leiblich vermittelten, noch unthematischen Vertrautheit des Menschen mit der Welt, setzt also als neue Erfahrung, Erfahrung schon voraus. Diese jeder neuen Erfahrung zugrunde liegende Verständigung, die meinem noch vortheoretischen, praktischen Umgang mit den Dingen entspricht, ist materiale Möglichkeitsbedingung jeden Lernens bzw. jeder weiteren Erfahrung.« (Lippitz, 1984, S. 87)

Lernen verweist auf vorgängige Erfahrungen, die den Horizont für das Neue bilden. Vom vorgegebenen Weg abweichende Lernhandlungen der Schülerinnen und Schüler sind Ausdruck vorgängiger Lerngeschichten. Eigene Lernsituationen, Widerstände und Hindernisse, die aus der Lehrsicht als solche in Erscheinung treten, zeigen, dass Kinder nie nur *»eine* Möglichkeit« haben zu handeln, vielmehr lernen sie im Laufe ihres Lebens ein *»Feld* von Möglichkeiten«. Lernen ist grundsätzlich ein »Erschließen von Möglichkeiten« (Meyer-Drawe, 1984, S. 28). In diesem Feld entsteht auch das Interesse etwas zu lernen, etwas wissen zu wollen. Das setzt aber voraus, dass man schon etwas weiß, auch weiß, was man nicht weiß. Lernen, so könnte man sagen, erfolgt nicht aus einer Defizithaltung heraus, sondern aus dem schon vorhandenen Wissen und Können, welches immer wieder gefordert ist, neue Situationen zu bewältigen. Das Paradoxon, dass wir »schon wissen müssen, um zu lernen, als auch, daß wir gerade insofern auch nicht wissen, als wir ja lernen« (Buck, 1969, S. 31), verweist auf den Kern des hier entfalteten pädagogisch-phänomenologischen Lernbegriffs. Gerade in schulischen Lernprozessen treffen Vorwissen, Schon-Können und vorgängige Erfahrungen mit dem Schulwissen, dem scheinbar richtigen Wissen aufeinander. Was Kinder subjektiv über Lerngegenstände wissen, unterscheidet sich meist von dem zu lernenden Schulwissen.

> »Der Prozess des Lernens ist keiner der Integration von Wissensbestandteilen in eine vorgegebene Sinnmatrix, wobei sich weder das Wissen noch die Matrix ändern. Vielmehr zeigt sich Lernen als Prozess der Erfahrung, der Strukturierung und Modifizierung von Erfahrungshorizonten, des geschichtlich-

> konkreten Zur-Welt-seins, für das die logische Ordnung der Dinge nur eine mögliche Perspektive unter anderen ist. [...] Lernen in dieser Bedeutung ist kein linearer Prozess der Integration von Wissenselementen, sondern ein Prozess der Konfrontation zwischen unausdrücklich leitendem Vorwissen und neuer Sicht, neuer Erfahrungs- und Handlungsmöglichkeit, d. h. die Produktivität des Lernprozesses liegt in seiner Negativität: Lernen ist Umlernen.« (Meyer-Drawe, 1984, S. 34)

Friedrich Copei hat in seiner 1930 (1. Aufl.) erschienenen Schrift *»Der fruchtbare Moment im Bildungsprozeß«* durch anschauliche Beispiele deutlich gemacht, dass die beim Lernen sich auftuende Kluft durch alle methodischen Anstrengungen nicht überbrückt werden kann, »alles hartnäckige, straffe Bemühen ist zuletzt eher ein Hindernis. Erst wenn der Suchende sich fallen läßt, zu bohren aufhört, schießt plötzlich die neue Erkenntnis, oft durch Zufall veranlaßt empor« (Copei, 1969, S. 33). Und weiter schreibt er: »Der Weg von der dogmatischen Meinung zur Gewißheit der echten eigenen Erkenntnis führt also über das Stutzen und die Ratlosigkeit des Nichtwissens; aus dieser Seelenhaltung wird jene Spannung geboren, die elementar nach Lösung drängt« (ebd., S. 21).

Bewegungen werden ebenfalls auf diese Weise gelernt. Grupe hat dieses Verständnis von Bewegungslernen bereits in den 1960er Jahren für die Leibeserziehung herausgearbeitet: Im Prozess des Neu-Lernens von Bewegungen wird das bisher Gekonnte aufs Spiel gesetzt. Es findet ein »Umlernen« und »Verlernen« bzw. eine »Neustrukturierung« (Grupe, 1984, S. 69) statt. Dabei ändert sich das Verhältnis des Lernenden zur Welt: »Ich probiere das Neue und riskiere das Bisherige im noch unbekannten Bewegungsraum« (ebd.). Der Körper wird einem fremd, er erweist sich als sperrig, das Harmonische der Bewegung, das Alltägliche und Selbstverständliche geht verloren. Lernende werden durch die neuen Anforderungen mit den eigenen körperlichen Möglichkeiten konfrontiert. Erst durch Üben der neuen Bewegung formt sich die alte Erfahrung um. Hier zeigen sich Gemeinsamkeiten im Lernverständnis von Bewegungslernen und kognitivem Lernen. Ein Bewegungskönnen braucht ebenso wie ein mathematisches Können das Sich-Bewegen und Bewegt-Sein als leiblichen Resonanzraum des

Lernens: »Bevor wir z. B. ›Kraft‹ als physikalischen Begriff kennenlernen, haben wir Kraft ›am eigenen Leib‹ erlebt. Diese Horizonte vorgängiger Vertrautheit disponieren die Möglichkeiten des weiteren Lernens, oder sie verhindern ein Dazulernen« (Meyer-Drawe, 1984, S. 35). Die Neubestimmung von Erfahrungshorizonten verlangt – und das ist die grundlegende Aussage dieses Lernbegriffes – die Konfrontation mit sich selbst in einer durch Neues erzeugten Spannung. Die Bedeutung, die dabei das Sinnlich-Leibliche hat, liegt in der jeweiligen Vergewisserung über das Verhältnis zur Welt, das im Zusammenspiel von Wahrnehmung und Bewegung neu bestimmt wird. Bewegung, sowohl im Sinne von Bewegt-Sein als auch im Sinne von Sich-Bewegen, also von innen und außen, vermittelt die sinnlich-leibliche Erfahrung über die erlebte Diskrepanz zwischen alter Vertrautheit und neuem Horizont. Im Ausprobieren, Versuchen, Verwerfen und Neuansetzen zeigen sich die Bewegungen zur sinnlich-leiblichen Vergewisserung über das neu zu gewinnende Verhältnis zur Welt.

Auch der Sportunterricht, der unmittelbar auf das Sich-Bewegen im Horizont der eigenen körperlichen Möglichkeiten zielt, scheint den leiblichen Resonanzraum in der Vermittlung von Bewegungskönnen zu vernachlässigen, wenn sich Schülerinnen und Schüler mechanische Ordnungen der Lerngegenstände einverleiben sollen, ohne jemals der phänomenalen Seite der Bewegung sinnlich-leiblich nachgespürt zu haben. Von »Verdunkelungen« in Bezug auf die Vernachlässigung solcher »Einwurzelungen« spricht Wagenschein (1982) mit Blick auf den Physikunterricht. Aber auch im Sportunterricht können wir etwas Ähnliches beobachten, z. B. dann, wenn ein Turner glaubt, einen Handstützüberschlag zu können, dieser aber ausschließlich den nachgeahmten Formmerkmalen entspricht, ohne je das Bewegungsproblem des Kopfüberseins erspürt und in selbsttätiger Erprobungsweise in eine Lösung überführt zu haben.

Aus dieser Argumentation folgt, dass auch der Erwerb von Bewegungskönnen ein Akt der Konstruktion des Sich-Bewegens durch den Sich-Bewegenden darstellt, der eine Bewegungsabsicht mit einer sich stellenden Bewegungsaufgabe aufgrund seiner Voraussetzungen und gemäß seines Sinnverstehens Wirklichkeit werden lässt.

1.5 Bewegen und Entwicklung

Bewegung ist nicht nur wichtig, um im Alltag zurechtzukommen oder um sportliche Handlungen zu lernen und am Sport teilhaben zu können, sie ist weit elementarer mit der Entwicklung von Kindern und Jugendlichen verbunden. Die kognitive, emotionale und soziale Entwicklung von Kindern ist an grundlegende Bewegungserfahrungen gebunden.

Die Entwicklungstheorie von Piaget (1974, S. 153 ff.) verweist mit der sensomotorischen Stufe auf die Bedeutung des körperlichen Umgangs mit den Dingen in sozialen Situationen für die kognitive Entwicklung des Menschen: Das Kind nimmt die Welt wahr, entwickelt durch eigenes Tun neue Wahrnehmungsschemata und strukturiert sich selbst, indem es die Welt in sich aufnimmt (Akkomodation und Assimilation). So entstehen bei Kindern im Bewegungshandeln eigene Vorstellungen von sich und der Welt. Zwar nimmt im Konzept von Piaget die Bedeutung der unmittelbaren körperlichen Erfahrung mit zunehmendem Alter für die Entwicklung des abstrakten Denkens ab, jedoch bleibt die je folgende Stufe in den vorausgehenden Stufen durch Ausdifferenzierung eingebunden oder Menschen können gar zu vorangegangenen Stufen zurückkehren:

> »Jedes dieser Stadien ist also durch das Auftreten originaler Strukturen gekennzeichnet, deren Ausprägung es vom vorhergehenden unterscheidet. Die Essenz dieser sukzessiven Konstruktionen bleibt im Verlauf der späteren Stadien bestehen, in Form von Substrukturen, auf denen Neue aufbauen. Daraus ergibt sich, dass beim Erwachsenen jedes der vorangegangenen Stadien jeweils einer mehr oder weniger elementaren oder hohen Stufe in der Hierarchie der Verhaltensweisen entspricht.« (ebd., S. 155)

Daher sind Kinder im Grundschulalter auf ihrer Entwicklungsstufe noch neugierig auf das, was es in der Lebenswelt zu erobern gibt, sie wollen die Gegenstände befühlen, anschauen, beriechen, begreifen und untersuchen. Durch die sinnliche Erfahrung der Materialien entstehen Bilder vom Ganzen: Die Kinder begreifen, dass es ein Gegenstand ist, ein Gegenstand mit bestimmten Eigenschaften und Gesetzmäßigkeiten, der Spuren in der Emotionalität, im Wissen, Denken und in der Motorik hinterlässt. Bewegung ist insofern die kindliche Form der Auseinandersetzung mit der sozialen und materialen Welt. Der spielerische Umgang mit den körperlichen Möglichkeiten bildet eine Brücke zur Wirklichkeit. Sich bewegen können, durch die Bewegung den Körper erleben sind wesentliche Schritte auf dem Weg in die Identität und Selbständigkeit des Kindes (vgl. Zimmer, 2010).

So wie Sprechen und Denken ist auch das *Sich-Bewegen* ein fundamentales Medium der Vermittlung zwischen Kind und Welt, zwischen Innen und Außen (vgl. Ehni, 1985). Sich-Bewegen ist eine Lebensform des Kindes und bedeutet für die meisten Kinder die lustbetonte Vergegenwärtigung des Seins. Ihre Erfahrungen sind begleitet von vielen kinästhetischen Sensationen: Schwere und Leichtigkeit, Geschwindigkeit und Rhythmus, Zusammenspiel äußerer und innerer Kräfte, Wechsel der körperlichen Lage in Raum und Zeit. Diese Sensationen realisieren sich z. B., wenn Kinder schwingen und schaukeln, sich selber im Kreise drehen, auf dem Kopf stehen, sich überschlagen, Purzelbäume turnen oder Gräben überspringen. Wir haben es mit dem unauflösbaren Zusammenhang von »Handlung, Wahrnehmung und Kognition« zu tun, der sich gegen »eine Trennung von Kognition und sensomotorischem Verhalten« wendet (Zimmer, 2013, S. 593). Im Kontext aktueller Entwicklungstheorien hebt Zimmer (ebd.) besonders den Zusammenhang der »kognitiven Entwicklung des Kindes mit seiner Motivation, Handlungsprobleme lösen zu wollen und hierfür motorische und sensorische Möglichkeiten zu aktivieren«, hervor.

Im Jugendalter gewinnen Bewegungsaktivitäten eine andere Bedeutung. Die Zeit der Adoleszenz kann als die bedeutendste Umstrukturierung des körperlichen Selbstbildes zur Identitätsfindung angesehen werden (vgl. Niekrenz & Witte, 2011). Es geht in Anlehnung an Hurrelmann (2006, S. 20 ff.) um die Sozialisation als produktive Verarbeitung innerer und äußerer Realität. Dabei erscheinen die mit der Körperlichkeit verbundenen Entwicklungsaufgaben als zentrale Fokussierungspunkte der Adoleszenz. Jungen und Mädchen müssen ein neues Verhältnis zum eigenen Körper aufbauen und die Veränderungen in ihr Selbstkonzept integrieren. Sportliche Bewegungsaktivitäten zwischen individuellen Formen des Bewegungsausdrucks und sportiven Formen der Präsenz im öffentlichen Raum, ob in formellen (Schule), non-formalen (Verein) oder informellen (Freiraum, Straßen und Parks) Settings, bieten Jugendlichen für ihre Entwicklung Möglichkeiten der Identitätsbildung. Dabei sind Jugendliche zugleich mit den scheinbar überall anwesenden »perfekten« und »idealen« Körpern unserer Gesellschaft konfrontiert und müssen ihren eigenen Körper neu »erfinden«. Mit unterschiedlichen Körperpraktiken erproben Jugendliche das Neue, um dem fremd zu werdenden Körper wieder nahe zu kommen und eine Identität aufzubauen:

> »Das Problem verschiedener Körperpraktiken und die Inszenierung des Körpers stellen [...] einen spezifischen Aspekt der Identitätsfindung dar. Das Experimentieren mit verschiedenen modischen Stilen, neuen Frisuren und Schminke gehört ebenso zur Erfahrungswelt Jugendlicher wie das Hineinfinden in eine andere, ›erwachsene‹ Körperlichkeit über das Ausprobieren von Bewegungen, Haltungen, Gestik und Mimik.« (Kolip, 1997, S. 77)

Insofern bilden Sport- und Bewegungsaktivitäten ein bedeutendes Experimentierfeld für die Suche nach (körperlicher) Identität. Die Teilhabe an Sport- und Bewegungsaktivitäten wird in unserer Gesellschaft durch Sportvereine, Sport- und Bewegungsaktivitäten in der selbstorganisierten und -gestalteten Freizeit und in außerunterrichtlichen Sport- und Bewegungsangeboten der Schule ermöglicht. Hier finden Jugendliche Gelegenheiten, ihren Körper auf die »Probe« zu stellen, ihn zu wagen, sich ihm »gegenüberzustellen« und ein neues Selbstverhältnis zur eigenen Körperlichkeit aufzubauen. Die außerschulische Freizeit scheint im Sinne eines Freizeitmoratoriums ein Ort der Selbstfindung zu sein:

> »Für die Jugend stellt die Freizeit ein entwicklungspsychologisch bedeutsames Lern- und Aktionsfeld dar, in dem sie soziale Autonomie gewinnen und sich ihre allmähliche Ablösung vom Elternhaus vollzieht. Der Freizeitbereich bildet den zeitlichen und räumlichen Rahmen, in dem Jugendliche selbstbe-

> stimmt eigenen Interessen und Bedürfnissen nachgehen und Freundschaften schließen können. Vor allem bietet sich hier die Möglichkeit, eine eigene Identität auszuformen und ein positives Lebensgefühl zu entwickeln.« (Großmann & Reinmuth, 2007, S. 125)

Der Vereins- und Freizeitsport ist ein solcher Rahmen, in dem diese Prozesse befördert werden können. Die Studien zum Sportengagement aus den letzten 20 Jahren zeigen eindrücklich die Bedeutung von Sport- und Bewegungsaktivitäten für die Sozialisation von Jugendlichen. Mit Bezug auf Brettschneider & Kleine (2002, S. 16) lassen sich die Studien mit folgenden Ergebnissen zusammenfassen:

- Sportliche Aktivitäten führen bei Jugendlichen zu einem positiven Selbstwertgefühl.
- Aktive sportliche Jugendliche haben ein positiveres Körperbild als inaktive Gleichaltrige.
- Sportliche Körper sind für Jugendliche zum Schönheitsideal geworden und werden als attraktiv eingestuft; sie bieten einen Ansatz für eine produktive Auseinandersetzung mit Körperbildern.
- Sport hilft dabei, ein soziales Netzwerk aufzubauen.
- Bei jugendlichen Vereinsmitgliedern sind weniger psychosomatische Symptome vorhanden als bei Nicht-Vereinsmitgliedern.

In diesem Sinne bietet der Sport als gesellschaftlich bedeutsames Handlungsfeld Möglichkeiten für grundlegende Erfahrungen im Umgang mit dem eigenen Körper. Dies gilt im Rahmen der Adoleszenz vor allem für Jugendliche. Grundlegend beziehen sich diese Erfahrungen generell auf das Bewegen in Kindheit und Jugend. Dabei geht es nicht so sehr um die Perfektion sportlichen Könnens, sondern weit mehr um körperliche Erfahrungen in den unterschiedlichen Funktionen des Sich-Bewegens im Kontext sozialen Handelns.

Funke-Wieneke (2010, S. 195 ff.) unterscheidet für die Entwicklungsförderung von Kindern und Jugendlichen die *instrumentelle, soziale, symbolische* und *sensible* Funktion von Bewegung. In diesem Sinne sollen Kinder und Jugendliche geschickt und vielfältig die *inst-*

rumentelle Funktion ihres Körpers durch Bewegung üben und im Alltag (Fahrradfahren können) und im Sport (den Ball in den Korb werfen können) anwenden können. Die *soziale Funktion* der Bewegung ermöglicht Kindern und Jugendlichen z. B. sich in andere einfühlen, deren Bewegungen mitempfinden und ihnen helfen zu können. Sich bewegen soll auch dazu führen, die *symbolische Funktion* der Bewegung zu verstehen, indem Kinder und Jugendliche sich z. B. körperlich ausdrücken, Rollen übernehmen oder Bewegungsbilder interpretieren können. Sich bewegen führt aber vor allem zur Selbst-Bildung, indem der Körper im Bewegen gespürt wird. Diese *sensible Funktion* zielt auf körperliche Erfahrungen in der Bewegung zur Ausbildung des »Ichs«, das zuallererst ein Körperliches ist. Diese Funktion ist daher eine übergreifende, die in allen anderen Funktionen des Sich-Bewegens enthalten ist.

1.6 Bewegen und Bildung

Eine bildungstheoretische Begründung für eine Bewegungsorientierung in Schule und Unterricht muss zunächst klären, was sie in diesem Zusammenhang unter Bildung versteht, zumal der Begriff im schulischen Kontext sehr unterschiedlich verwendet wird (vgl. Meyer-Drawe, 1999a; Laging, 2005). Bezogen auf eine bewegungspädagogische Auslegung lässt sich einerseits eine Orientierung am Bildungsverständnisses von Humboldt mit Bezug auf den Diskurs zur ästhetischen Erfahrung feststellen (vgl. Meyer-Drawe, 1999b; Franke, 2003) und andererseits in Weiterführung dieser Überlegungen und in Anlehnung an den relationalen Bildungsbegriff von Benner (2012) eine strukturelle Bindung zwischen Bewegung und Bildung konstatieren (vgl. Prohl, 2006, S. 127 ff.; Scherer, 2005).

Bewegungsaktivitäten sind in ihrer Selbstzweckhaftigkeit auf die Bewältigung von Bewegungsaufgaben gerichtet, z. B. wenn es darum geht, für sich mit dem Seil zu springen oder mit anderen eine Spielidee (den Ball ins Tor werfen usw.) zu realisieren (▸ Kap. 1.1). Dies trifft immer dann zu, wenn es um die Bewegung selbst geht, die gelernt, geübt oder einfach vollzogen werden soll, wie in Pausenaktivitäten, in schuleigenen oder auf Kooperation beruhenden AGs oder im Sportunterricht. Die Selbstbezüglichkeit des Sich-Bewegens findet dabei immer in einem kulturellen Raum statt; Bewegungen sind situativ und intentional auf etwas hin bezogen, es geht um »bewegungsthematisch gebundene, auf die Bewältigung und Gestaltung von Bewegungssituationen gerichtete Aufgaben« (Scherer, 2005, S. 126).

Anders verhält es sich, wenn es nicht um die Bewegung selbst, sondern um die Bewegung als Mittel geht, der Zweck also außerhalb der Bewegung liegt (vgl. Prohl & Scheid, 2012, S. 24 f.). Dies ist z. B. dann der Fall, wenn jemand schnell laufen muss, um einen Bus zu erreichen. Dies ist auch dann der Fall, wenn sich eine Schülerin oder ein Schüler vor, während oder nach einem kognitiven Lernprozess (z. B. Vokabeln lernen, mathematische Aufgaben lösen) bewegt, also im Raum umhergeht, eine Laufstrecke zurücklegt, jongliert, gymnastische Übungen ausführt oder sich mit bestimmten Übungen körperlich entspannt, um das gelernte Wissen besser aufnehmen zu können. Hier begleitet Bewegung als Mittel einen kognitiven Lernprozess, der nie allein kognitiv verläuft (▸ Kap. 1.4). Bewegung kann aber auch insofern Mittel sein, als ein kognitiver Lerngegenstand unmittelbar in Bewegung erfahren und auf diese Weise erst in Erfahrung gebracht und besser begriffen wird (z. B. Sprache in Bewegung ausdrücken, Theater spielen, in Physik Geschwindigkeit am eigenen Körper spüren). Lernen in bewegungsfernen Fächern kann also nicht nur durch Bewegung begleitet, sondern auch in der Bewegung selbst vollzogen werden, auch wenn es nicht um die Bewegung selbst, sondern um einen anderen Zweck geht. Bewegung ist also nicht nur Selbstzweck, sondern auch Mittel zum Zweck.

Ein so umfassendes Bewegungsverständnis korrespondiert ganz allgemein mit einem Bildungsbegriff, der von der Wechselwirkung zwischen »Empfänglichkeit und Selbsttätigkeit« (Humboldt) ausgeht (vgl. Schmidt-Millard, 2005). In der Begriffs- und Bedeutungsgenese des Bildungsbegriffs ist eine zunehmende Subjektzuwendung zu vermerken, die den Menschen als selbstbestimmten Gestalter von Welt sieht. Dabei geht es zuvorderst um das Sich-Aneignen von Welt als ureigene subjektive Angelegenheit. Wichtigstes Element in diesem Konzept von Bildung ist das eigene Tätigsein. Das Kind ist von Anfang an Akteur der eigenen Entwicklung und somit auch Akteur eigener Bildungsprozesse. Hier wird noch einmal der Bezug zum Bewegungshandeln bei der Aneignung von Welt in einem sich wechselseitig durchdringenden Prozess deutlich, der von der Bewegung als grundlegende Weise des Weltzugangs ausgeht. Für eine leibliche Bildung brauchen wir insofern bewegungsbezogene Erfahrungsfelder, die Bildungsprozesse im Sinne ästhetischer Erfahrungen bei Kindern und Jugendlichen anstoßen. Dazu gehören z. B. auch elementare Bewegungsaktivitäten wie Schaukeln, Balancieren, Rollen und Klettern oder Laufen und Springen, aber auch grundlegende Handlungsweisen wie Spielen, Kämpfen oder Gestalten. Auch die *über* Bewegung vermittelten leiblichen Resonanzen vermeintlich rein kognitiver Lernprozesse gehören zur Grundlage von Bildungsprozessen.

Mit diesem Verständnis von Bildung geht eine über und in Bewegung vermittelte ästhetische Erfahrung mit einer anderen Ausdrucks- und Reflexionsstruktur einher, die unterhalb der sprachlichen Reflexion angesiedelt ist (vgl. Franke, 2003, S. 32 f.). Ebenso wie die Sprache fundamental in einer »doppelten Vermittlungsleistung« gesehen werden muss (Benner, 2012, S. 282), nämlich als Lerngegenstand in ihrer Weltvermittlungsfunktion und als pädagogische Interaktion in ihrer kommunikativen Funktion, so muss auch, aber auf einer anderen Ebene, die Bewegung als fundamental verstanden werden, da sie sowohl einen Lerngegenstand konstituiert (sportliches Bewegen) als auch als Ausdruck einer sozialleiblichen Bewegungsbeziehung und einem zweckorientierten Handeln in der Vermittlung zur Welt fungiert (Bewegung als Mittel). Es geht darum, Bewegung als Vorgang und Vollzug zu verstehen, der als leibliche Bildung auf der nichtsprachlichen Ebene eine »andere Vernunft« (Franke, 2005) oder »das Andere im Bildungsprozess« (Meyer-Drawe, 1999b) meint. Die menschliche Bewegung mit ihren sinnlich-leiblichen Erfahrungsmöglichkeiten erweist sich in dieser wissenschaftlichen Betrachtung als eigene Erkenntnis- und Bildungsmöglichkeit. Ein solches Verständnis folgt dem Gedanken der grundlegenden Bildsamkeit des Menschen. Benner (2012) verweist darauf, dass der Zu-Erziehende im Sinne der Bildsamkeit »seine Bestimmung zur rezeptiven und spontanen Leiblichkeit, Freiheit, Geschichtlichkeit und Sprache nur finden [kann], wenn er durch die pädagogische Interaktion zur selbsttätigen Mitwirkung an seinem Bildungsprozess ausdrücklich aufgefordert wird« (Benner, 2012, S. 78 f.). Bildsamkeit ist für Benner (ebd., S. 70 ff.) in diesem Zusammenhang ein Relationsbegriff pädagogischer Interaktion und nicht im Individuum als Begabung angelegt oder durch die Umwelt vorweg bestimmt. In derselben Weise versteht Benner (ebd., S. 77) die Aufforderung zur Selbsttätigkeit als eine »Verhältnisbestimmung der pädagogischen Interaktion selbst und bezieht sich auf die Möglichkeit der Mitwirkung der Zu-Erziehenden an der pädagogischen Interaktion.« Um Bildungsprozesse zu ermöglichen, muss Schule Handlungsspielräume zur Mitwirkung an der Gestaltung bewegungsbezogener Erfahrungen eröffnen. Bildungstheoretisch gesehen ist Bewegung damit eine nicht hintergehbare Weise der Weltaneignung. Auf dieser Grundlage kann die Bedeutung von Bewegungsaktivitäten im ganzen Schultag als Bildungsangebot begründet und reflektiert werden.

2

Bewegungsaktivitäten: Status und Problem

Dass Bewegungsaktivitäten und Körperübungen zum Aufwachsen und Alltag von Kindern und Jugendlichen gehören, ist seit jeher Gegenstand von Erziehungs- und Bildungskonzepten. Allein ein Blick in die jüngere Geschichte der Pädagogik verweist auf die Einbeziehung körperlicher Übungen in die Erziehung junger Menschen. Danach unterstützt Bewegung die Schulung der Sinne und Urteilsfähigkeit, wie von Jean-Jacques Rousseau (1712–1778) in seinem Erziehungsroman »Emile oder über die Erziehung« von 1762 beschrieben, dient als Motor der kindlichen Entwicklung, wie bei Piaget (1974, S. 153 ff.) als sensomotorische Intelligenz bezeichnet, oder fördert eine gelingende Sozialisation im Jugendalter, wie im

Konzept der Entwicklungsaufgaben (vgl. Hurrelmann & Quenzel, 2012, S. 34 ff.) dargestellt. Je nach wissenschaftskonjunkturellen und bildungspolitischen Wellen geht es immer wieder um Fragen zu ausreichenden Bewegungsaktivitäten und -räumen, um mögliche Bewegungsdefizite oder auch um jugendkulturelles Sportengagement und seine sozialisatorischen Wirkungen. Insgesamt steht die Frage im Raum, ob Kinder und Jugendliche sich genug bewegen. Dabei geht es um das Potenzial von Bewegungsaktivitäten zur Förderung der Persönlichkeit, der sozialen Entwicklung und der Gesundheit und darum, ob negativen Folgen rechtzeitig präventiv begegnet werden kann. Daher liegt eine Reihe von Studien vor, die nicht nur die motorische Leistungsfähigkeit und die Wirkungen von Bewegung und Sport, sondern auch das selbst- und vereinsorganisierte Bewegungsengagement und Sporttreiben von jungen Menschen untersuchen.

Die *bewegungsorientierte Kindheitsforschung* der 1990er Jahre hat sich vor allem mit der veränderten Kindheit und den Anzeichen für einen gravierenden Bewegungsmangel von Kindern befasst. Dabei führte die Diskussion über das Verschwinden der Straßenkindheit (vgl. Zinnecker, 1990; Schmidt, 1997) zugunsten einer Sportkindheit (vgl. Büchner & Fuhs, 1993) und/oder Medienkindheit (vgl. Rolff, 1983) zu zahlreichen Studien, die einen deutlichen Rückgang der motorischen Leistungsfähigkeit im Kindesalter belegen sollten (vgl. Bös, 2003). Eine uneinheitliche Befundlage hat diese Defizithypothese in den letzten Jahren allerdings in den Hintergrund treten lassen und gezeigt, dass Kinder nach wie vor aktiv sind und als Akteure ihre Lebenswelt (mit-)gestalten (vgl. Kleine, 2003; Laging, 2002; Kretschmer & Wrizing, 2008).

Demgegenüber sucht die *sportorientierte Jugendforschung* nach Zusammenhängen des meist organisierten Sportengagements mit den populär vorgetragenen Annahmen zur sozialisatorischen Wirkung des Sports (z.B. Fairness, Drogen- und Gewaltprävention) auf andere Lebensbereiche sowie nach den Bedingungen der Einsozialisierung in den Sport selbst. Seit Anfang des neuen Jahrtausends befassen sich Studien vor allem mit dem Aufbau sozialer und personaler Ressourcen durch Sport im Sinne eines übersportlichen Potenzials. Die erhofften Wirkungen zum Aufbau sozialer Kompetenzen und die Stärkung der Akzeptanz und Nutzung des eigenen Körpers fallen insgesamt aber eher bescheiden aus: »Im Längsschnitt konnten [...] bislang kaum stichhaltige empirische Belege für die ›Wirkungshypothese‹ der Ressourcenstärkung durch sportliche Aktivität erbracht werden« (Sygusch, Brandl-Bredenbeck & Burrmann, 2009, S. 83). Solche Wirkungen stellen sich – so die Folgerung der Autoren – offenbar »nicht generell und automatisch ein«, sondern bedürfen einer pädagogischen Jugendarbeit im organisierten Sport.

Neben der sozialisationsorientierten Wirkungsforschung reflektieren die Studien zu bewegungskulturellen Inszenierungen von Jugendlichen im Trend- und neuen Straßensport die Nutzung von naturnahen Streifräumen, Straßen, Wäldern, Parks, urbaner Stadtkultur, kommerziellen Sporteinrichtungen oder bereitgestellten Installationen für Sport- und Bewegungsaktivitäten (wie Skater- oder Beachanlagen) eher unter der Perspektive von »Vergemeinschaftung«, »Selbstmediatisierung«, »sozialer Regulierung« oder »leiblichen Erfahrungs*welten*« (vgl. Alkemeyer, 2002; Schwier, 2011; Bindel, 2008; Niekrenz & Witte, 2011). In diesen neueren Arbeiten der *bewegungs- und körperorientierten Jugendbildung* stellen sich Fragen zur Bedeutung von Sport- und Bewegungsaktivitäten nicht mehr ausschließlich aus der Perspektive von Organisationsformen (Sportverein, Selbstorganisation oder Schulsport), sondern weit mehr unmittelbar vom Subjekt her. Die Fokussierung auf das Subjekt rückt die vielfältigen Verflechtungen der Lern- und Bildungsorte in den Mittelpunkt. Die Schule bietet durch ihre Öffnung zu außerschulischen Partnern und durch die zunehmende Ganztagsorientierung mehr und mehr Freiräume und Gelegenheiten für informelle und non-formale Bildungsprozesse, wie auch non-formale Jugendarbeit zunehmend mit Schule verzahnt wird und beide Orte je für sich auch zu informellen Aktivitätsnischen werden können. Selbst die scheinbar ausschließlich für selbstorganisierte Aktivitäten aufgesuchten Bewegungsräume wie Parks, Wälder, Straßen oder jugendkulturelle Sportanlagen werden von Schule und Jugendarbeit (mit-)genutzt und gehören insofern zu einem Netzwerk jugendkultureller Bewegungspraktiken und Körperinszenierungen: »In einem integrativen Sinn kann Jugendbildung an verschiedenen Orten unter unterschiedlichen Bedingungen und Formalisierungsgraden stattfinden« (Gräfe, Harring & Witte, 2015, S. 8).

Dieses Kapitel soll einen Überblick über Forschungen zum Bewegungsstatus (▸ Kap. 2.1) und Sportengagement (▸ Kap. 2.2) von Kindern und Jugendlichen geben. Vor diesem Hintergrund werden Folgerungen (▸ Kap. 2.3) für die Bewegungsorientierung von Schule und Unterricht im Kontext von Erziehung und Bildung formuliert. Die Ausführungen können kaum alle Studien berücksichtigen, die zu dieser Thematik in den letzten 25 Jahren entstanden sind. Daher werden zusammenfassend zentrale Ergebnisse referiert und diskutiert, die für den schulischen Kontext und die Argumentation zur Bewegungsorientierung von Schule und Unterricht bedeutsam sind.

2.1 Motorische Leistungsfähigkeit

Seit 30 Jahren beklagen Wissenschaft, Politik, Öffentlichkeit, Ärzte und Sportvertreter ein drohendes Bewegungsdefizit bei Kindern mit gravierenden Folgen für die Gesundheit der nachwachsenden Generation. Medien- und öffentlichkeitswirksam wird ein Rückgang der motorischen Leistungsfähigkeit behauptet und als Ursache dafür ein Bewegungsmangel verantwortlich gemacht. Sogar eine »Generation von Bewegungskrüppeln« (Rusch & Irrgang, 2002, S. 5) wurde bereits erwartet. Die Studien zur motorischen Leistungsfähigkeit erwiesen sich allerdings als problematisch. Vor allem sind in den etwas älteren Studien weder die Bewegungsaktivitäten in Umfang und Intensität noch der Medienkonsum, die Verhäuslichung oder Motorisierung untersucht worden, sondern es wurde von den Ergebnissen der motorischen Tests zu konditionellen und koordinativen Fertigkeiten auf einen Bewegungsmangel gefolgert. In neueren Studien sind dagegen neben der motorischen Leistungsfähigkeit auch die Bewegungsaktivitäten miterhoben und zueinander in Beziehung gesetzt worden (vgl. Kretschmer & Giewald, 2001; Kretschmer & Wirszing, 2008; Bös u. a., 2008). Die Ergebnisse fallen allerdings sehr uneinheitlich aus. Es bleibt also offen, ob Kinder sich genug oder zu wenig bewegen, es kommt offenbar darauf an, was und wie gemessen wird. Entscheidender Punkt in der Diskussion ist die Bewertung der unterschiedlichen Ergebnisse zur motorischen Leistungsfähigkeit bei Kindern und Jugendlichen und ihr Zusammenhang mit dem Umfang und der Intensität von Bewegungsaktivitäten, dem Medienkonsum und den potenziellen gesundheitlichen Risiken, vor allem hinsichtlich der Zunahme an Adipositas. Besonders kontrovers wird die unterstellte Defizithypothese (vgl. Thiele, 1999) diskutiert, die auf der Grundlage nicht eindeutiger Ergebnisse eine ganze Kindergeneration etikettiert. Die deutlichste Kritik an den Studien zur motorischen Leistungsfähigkeit aus den 1990er Jahren haben Kretschmer (2003a, b; Kretschmer & Giewald, 2001) und Kretschmer & Wirszing (2008) formuliert und diese mit den weitgehend gegensätzlichen Ergebnissen aus eigenen Studien begründet.

Ohne an dieser Stelle die Ergebnisse im Detail darstellen zu können, ist es für die Auseinandersetzung mit der Problematik um die motorische Leistungsfähigkeit und einer *un*bewegten Kindheit und Jugend völlig ausreichend, sich den zusammenfassenden Stand der Erkenntnisse anzuschauen. Aus der Zusammenschau vorliegender Studien lässt sich für die Altersgruppe der 6 bis 18-jährigen Kinder und Jugendlichen ein Rückgang der motorischen Leistungsfähigkeit gegenüber ihren Altersgenossen von vor 15 bis 20 Jahren von 10 % (vgl. Bös, 2003, S. 105) bzw. 8 % (vgl. Bös u. a., 2008, S. 143) feststellen, wobei der Leistungsverlust bei Jugendlichen mit 12,5 % größer ist als bei Kindern mit 5,5 % (vgl. Bös u. a., 2008, S. 156). Über die verschiedenen Untersuchungen mit ihren uneinheitlichen Testinstrumentarien hinweg meint motorische Leistungsfähigkeit die messbare Ausprägung der konditionellen und koordinativen Fähigkeiten Ausdauer, Kraft, Schnelligkeit, Beweglichkeit, Geschicklichkeit und Reaktionsfähigkeit. Besonders gravierend – so die Experten der Leistungserfassung in den älteren Studien der 1990er Jahre – falle der Leistungsabfall im Ausdauer- und Kraftbereich und in der Beweglichkeit auf. In den letzten 10 Jahren ist im Rahmen des Kinder- und Jugendgesundheitssurveys des Robert-Koch-Instituts (KiGGS) ein standardisiertes motorisches Testverfahren entstanden, mit dem die motorische Leistungsfähigkeit erstmals repräsentativ in einem Motorik-Modul (MoMo) untersucht worden ist (vgl. Bös u. a., 2008). Mit diesem Instrumentarium sind Kinder im Alter von 6–10 Jahren hinsichtlich der Basisfähigkeiten Ausdauer, Kraft, Koordination und Beweglichkeit getestet worden. Die Ergebnisse sind nun nicht mit zurückliegenden Leistungsmessungen verglichen, sondern als Ausdruck der motorischen Leistungsentwicklung im Altersverlauf interpretiert worden. Danach stellen die Autoren fest, dass die Leistungsentwicklung – mit kleinen Differenzen (mal als Leistungsverlust, mal als Leistungssteigerung) – durchweg auf die altersbedingten konstitutionellen Veränderungen zurückzuführen sind und damit die für dieses Alter typische gute Lern- und Trainierbarkeit der motorischer Leistungsentwicklung kaum positive Effekte zeigt. Insofern wird nach dieser neueren Studie davon ausgegangen, dass wir es durchschnittlich gesehen eher mit einer Leistungsstagnation im Kindesalter zu tun haben (vgl. Bös u. a., 2008, S. 157).

Kretschmer (2003a, b) hat zahlreiche Studien zur motorischen Leistungsfähigkeit miteinander verglichen und hinsichtlich der Aussagekraft einer Verschlechterung der Leistungsfähigkeit bei Kindern kritisch geprüft und zur Bewegungsmangelthese in Beziehung gesetzt. Dabei kommt Kretschmer zu dem Schluss, dass »von einer generellen Leistungsverschlechterung [...] kaum geredet werden (kann). Überwiegend kann man Verschlechterungen in Teilleistungen konstatieren« (2005, S. 45). Kretschmer (2003a, S. 66) ordnet seine eigene Untersuchung an 1672 Kindern im Jahr 1999 und 772 im Jahr 2002 (als Längsschnitt angelegt) in die vorliegenden Untersuchungen ein und kommt nach einem Vergleich mit zurückliegenden Daten zu dem Ergebnis, dass sich »Dreiviertel der festgestellten Unterschiede als Leistungsverbesserungen bzw. 37 % als signifikante Leistungsverbesserungen« erweisen. Auf Details der empirischen

Untersuchungen kann hier nicht eingegangen werden, jedoch lässt sich eindeutig erkennen, dass die viel diskutierte Verschlechterung der motorischen Leistungsfähigkeit nicht eindeutig belegt ist.

Als Ursache für Verschlechterungen der motorischen Leistungsfähigkeit wird in den von Kretschmer (2003b, S. 42) verglichenen Studien das Erklärungsmuster »Bewegungsmangel« angegeben. Beispielsweise folgert Raczek (2002, S. 214), dass die Ursachen zwar vielfältig sind, sie aber »hauptsächlich im zunehmenden Bewegungsmangel der Jugendlichen sowie in ungünstigen Veränderungen der Umwelt« liegen, womit die Motorisierung, Mediatisierung, Verhäuslichung und Verbauung der Umwelt gemeint sind. Kretschmer (2003a, b) kann mit seinen Studien zeigen, dass keine einzige der gegebenen Erklärungen und auch keine einzige Folgerung für konkrete Maßnahmen empirisch belegt oder gar untersucht worden ist.

Auch die Ergebnisse zum Zusammenhang von Bewegungsaktivität und Gesundheit bzw. Medienkonsum fallen eher ernüchternd aus. So sind sportlich aktive Kinder »zwar etwas fitter, aber nur unwesentlich gesünder als weniger aktive« (Sygusch u. a., 2008, S. 175). Sie unterscheiden sich kaum hinsichtlich der konditionellen Fähigkeiten, der psychosozialen Ressourcen und auch nicht hinsichtlich physischer (Übergewicht) und psychosozialer Belastungssymptome. Dies entspricht auch dem internationalen Forschungsstand. Vielmehr »sind Kinder eine vergleichsweise gesunde und insgesamt auch aktive Altersgruppe« (ebd.). Die Perspektive darf also nicht auf Kinder mit Defiziten beschränkt bleiben, sondern muss umgekehrt auch betonen, dass Kinder zu 85 % nicht übergewichtig sind (vgl. ebd.). Besonders bedeutsam in der Diskussion um Bewegungsmangel ist die Frage, ob der Medienkonsum (Fernsehen, Computer, Spielkonsole) die körperlich-sportlichen Aktivitäten verdrängt. Hier kommen sowohl internationale als auch nationale Studien zu dem Schluss, dass es »weder zwischen Fernsehkonsum und sportlicher Aktivität noch zwischen Computernutzung und sportlicher Aktivität oder Spielkonsolennutzung und sportlicher Aktivität […] Zusammenhänge zu verzeichnen« gibt (Bünemann, 2008, S. 121). Selbst die Befundlage zum Zusammenhang von Medienkonsum und Körperfettanteil führen zu keinem eindeutigen Ergebnis (vgl. ebd.), wobei es um die begleitende zucker- und fetthaltige Nahrungsaufnahme zum Fernsehkonsum geht: »Die Annahme, dass erhöhte Mediennutzung zu einer Verdrängung der körperlichen Aktivität und zu einer Zunahme des Körpergewichts führt, kann derzeit nicht belegt werden« (Bünemann, 2005, S. 366). Insofern zeigen die Studien,

> »dass die empirische Evidenz für die verbreitete Annahme, die Medialisierung des Kinderlebens führe unweigerlich zu passivem Freizeitkonsum und verdränge die Bewegungsaktivitäten, sich nicht uneingeschränkt halten lässt und wohl nur für Kinder mit extrem hohem Medienkonsum zutrifft.« (Woll u. a., 2008, S. 177; auch Bünemann, 2008, S. 116 ff.)

Die eingangs formulierte Frage, ob sich Kinder genug bewegen, kann also mit den bisherigen empirischen Studien zur motorischen Leistungsfähigkeit nicht eindeutig beantwortet werden. Ob es also einen Mangel gibt oder nicht, ist schwer zu sagen.

Eine qualitative Studie zum Bewegungsalltag von 6–12-jährigen Kindern zeigt ein anderes Bild heutiger Kindheit. Die Studie von Kleine (2003) kommt mit Hilfe von Tagesprotokollen über Tätigkeiten, Zeitumfänge, soziale Konstellationen und räumliche Strukturen entgegen der kulturpessimistischen Defizithypothese zum Ergebnis: »Und sie bewegen sich doch«. Die Daten zeigen, dass Bewegung für Kinder die wichtigste Aktivität überhaupt und ihr Aktivitätsgrad außerordentlich hoch ist. An 98 % aller untersuchten Tage sind Kinder in Bewegung, die Gesamtbewegungszeit beträgt über Jungen und Mädchen, jüngere und ältere Kinder hinweg durchschnittlich 3,5 Stunden pro Tag. Die Aufzeichnungen der tatsächlichen Bewegungszeit und differenzierten Tätigkeitsprofile von Kleine (2003, S. 13 ff.) legen den Schluss nahe, dass Kinder sich durchaus noch viel bewegen, daran Spaß und Freude haben, ausdauernd bei der Sache sind und eigentlich nicht müde werden, sich den jeweils neuen Herausforderungen kreativ und phantasiereich zu stellen. Kleine (2003) und Kleine & Podlich (2002) kritisieren die Defizithypothese, weil sie den Blick für das Tun und Können der Kinder verstellt. Entsprechend gehen Kleine und Podlich (2002, S. 131 ff.) von der »Normalitätshypothese« aus und zeigen, dass Kinder mit körperlicher Arbeit im Haushalt, körperlichen Aktivitäten auf Wegstrecken und vor allem in informellen Situationen im Alltag mit Bewegung, Spiel und Sport befasst sind – und dies im Kontext von Familie, Freunden und vielen Medien. Auch Kleine (2003) räumt in seiner Studie einen z. T. dramatischen Wandel der Bewegungsräume ein und sieht darin eine wirkliche Bedrohung des Bewegungsalltags von Kindern:

> »Selbstverständlich bleiben begrenzende Faktoren wie Verkehrsdichte, störende Bebauung, zugeparkte Straßenzüge, fehlende Spiel- und Bewegungspartner oder die Sicherheitserwägungen von Eltern existent und wirksam. Selbstverständlich kann und muss der Verlust einer ehemals ausgeprägteren Spiel- und Spielekultur bedauert werden. Existent ist jedoch ebenso eine ausweitende, mobilisierte Bewegungskultur bei Kindern und Jugendlichen, die an öffentlichen Orten wie Straßen, Wegen, Plätzen, Parkplätzen, Tiefgaragen inszeniert und ausgelebt wird.« (Kleine, 2003, S. 118)

Worauf Kleine & Podlich (2002, S. 138) und Kleine (2003, S. 119) hinweisen wollen, ist die Ausschließlichkeit, mit der eine pessimistische Grundhaltung dem Kinderalltag gegenüber propagiert wird, denn: »Nicht *die* Bewegung von Kindern, sondern bestimmte Quantitäten und Qualitäten kindlicher Bewegung stehen möglicherweise in Gefahr eingeschränkt zu werden«, denn diese hängen für die heutigen und zukünftigen Kinder »entscheidend von der Verfügbarkeit über spezialisierte, insbesondere aber unspezialisierte Räume ab«. Kleine (2003, S. 117) warnt auf der Grundlage seiner Studie davor, die Facetten und Bedeutungen von Alltagsbewegungen zu vernachlässigen: »Wer vor einem Bewegungsverlust und Bewegungsmangel von Kindern warnt und als Reaktion darauf ›nur‹ eine Intensivierung des Schulsports, des institutionalisierten Sports wie der informellen Bewegung fordert, verkürzt die möglichen Bewegungsfelder von Kindern um das der Alltagsbewegung«. Unter dieser Perspektive kann eine Fokussierung auf die räumlichen Bedingungen für informelles Bewegen innerhalb und außerhalb von Schule sowie auf die Alltagsbewegungen in Bezug auf Bewegungsquantitäten und Bewegungsqualitäten als bedeutsam angesehen werden.

Die hier angesprochene Problematik betrifft die Frage, was eigentlich als motorische Leistungsfähigkeit definiert wird. Die Messung der motorischen Leistungsfähigkeit basiert auf einem Modell motorischer Dimensionen (vgl. Bös, 2003, S. 87; Bös u. a., 2008, S. 138), das zum einen konditionelle Fähigkeiten wie Ausdauer, Kraft, Schnelligkeit und Beweglichkeit sowie zum anderen koordinative Fähigkeiten, die für das Zustandekommen von Bewegungsfertigkeiten verantwortlich sind, enthält. Es geht letztlich um die »Motorik als die Gesamtheit aller Steuerungs- und Funktionsprozesse« (Bös, 2003, S. 86). Bewegungsaktivität ist in dieser Sichtweise dazu da, die konditionellen und koordinativen Fähigkeiten zur Verbesserung der Steuerungs- und Funktionsprozesse zu trainieren, was heute allgemein mit motorischer Fitness beschrieben wird. Aussagen hinsichtlich des Rückgangs motorischer Leistungsfähigkeit und eines konstatierten Bewegungsmangels dürften sich in der Folge nur auf dieses Fähigkeitsmodell beziehen. Kritisch ist anzumerken, dass »motorische Leistungsfähigkeit« und »Bewegungsmangel« auf physiologische Wirksamkeit reduziert werden. Es geht nicht um Bewegung als weltbezogenes Handeln (▸ Kap. 1.1), sondern um die organische Anpassung des Körpers an physische Belastungen. Medizinische und trainingswissenschaftliche Größen bestimmen, was Leistungsfähigkeit ist und ob diese gesundheitlich in der »Norm« liegen. Ein solches Motorikverständnis hat mit Bewegung als intentionalem Handeln nichts gemein. Möglicherweise wirken sich die heute bevorzugten Bewegungsaktivitäten gar nicht im Konstrukt der motorischen Leistungsfähigkeit aus.

Wenn also im Kontext eines motorischen Leistungsdefizits von einem Bewegungsmangel gesprochen wird, muss man sich klarmachen, welche wissenschaftliche Perspektive hier zugrunde gelegt wird. Die naturwissenschaftliche Motorik- und Trainingsforschung bedient sich hinsichtlich der gesundheitlichen Folgen eines medizinischen Paradigmas, das weitgehend im Risikofaktorenmodell verhaftet ist. Bewegungsmangel stellt einen bedeutenden Risikofaktor dar. Dies ist an sich wissenschaftlich gesehen kein Problem; der medizinisch-trainingswissenschaftliche Zugriff auf die menschliche Bewegung ermöglicht in einem definierten Feld Aussagen und ist dort hilfreich und wichtig. Problematisch werden diese Tests und ihre Ergebnisse erst dann, wenn von physiologischen Parametern auf das »ganze Kind« geschlossen wird und Kinder pauschalisierend als »Stubenhocker« beschrieben werden.

Die in Kapitel 1 dargelegten Grundlagen für eine Bewegungsorientierung von Schule und Unterricht gründen in philosophisch-anthropologischen Ansätzen der menschlichen Bewegung. Sie liegen daher auf einer anderen kategorialen Ebene als die in den Tests zugrunde gelegten Annahmen zur motorischen Leistungsfähigkeit. Insofern ist das eine nicht wichtiger als das andere, aber eine unreflektierte Vermischung wäre fatal. Die Diskussion um ausreichend Bewegung in Schule und Unterricht (und natürlich auch außerhalb der Schule) braucht eine Reflexionsebene, die im Handeln selbst angelegt ist. Bewegungshandeln ist anthropologisch gesehen nur ganzheitlich denkbar. Die Motorik beschreibt ein physiologisches Teilsystem, sie kann aber die Intentionalität des menschlichen Bewegungshandelns weder erklären noch leiten und auch keinen pädagogischen Referenzpunkt bilden. Stattdessen müssen die Erkenntnisse der Motorikforschung im pädagogischen Referenzrahmen des Bewegungshandelns reflektiert werden. Die begrenzte Aussagekraft der Studien zur motorischen Leistungsfähigkeit macht noch einmal deutlich, wie grundlegend eine bewegungspädagogische Konzeption für Schule und Unterricht ist.

Der knapp referierte Forschungsstand zur motorischen Leistungsfähigkeit und zum Zusammenhang von Bewegungsaktivitäten und Gesundheit bzw. Medienkonsum aus den einschlägigen Studien der letzten 20 Jahre stützt eine kritische Haltung gegenüber einer eindimensionalen Ursachenzuschreibung. Die kritische Einschätzung zur Frage einer mangelnden Bewegungsaktivierung erfährt auch in den Studien zum Bewegungs- und Sportengagement noch einmal eine Differenzierung und Bestätigung (► Kap. 2.2).

2.2 Bewegungs- und Sportengagement

In Studien zum Bewegungs- und Sportengagement werden konkrete Aktivitäten von Kindern und Jugendlichen erhoben. Wie bei den Untersuchungen zur motorischen Leistungsfähigkeit (▸Kap. 2.1) geht es um die Frage, wie umfänglich und intensiv sich Kinder und Jugendliche heute bewegen. Letztlich wird auch hier untersucht, ob wir es mit einem Rückgang an Bewegungsaktivitäten zu tun haben. Immer wieder steht die Frage im Raum, welche Rolle die Mediennutzung für das Freizeitverhalten von Kindern und Jugendlichen spielt und ob gesundheitliche Folgen aus einer veränderten Lebenswelt mit mangelnden Bewegungsaktivitäten zu erwarten sind. Bezüglich der Mediennutzung und einiger gesundheitlicher Risiken (z. B. Übergewicht) ist bereits gezeigt worden, dass keine oder nur geringe Zusammenhänge nachzuweisen sind. Dies trifft auch für das Sport- und Bewegungsengagement zu. Daher soll auf diese Fragen nicht weiter eingegangen werden. Vielmehr wird in diesem Kapitel der Forschungsstand dargestellt, der das Sport- und Bewegungsengagement von Kindern und Jugendlichen vor allem in selbstorganisierten (informelles Setting) und vereinsorganisierten (non-formales Setting) Kontexten zeigt. Mehrheitlich liegen zu dieser Fragestellung quantitative Studien vor, die im Selbstauskunftsverfahren den Umfang und die Intensität des Engagements erfassen.

Viele Studien der letzten 20 Jahre verweisen auf ein hohes Bewegungs- und Sportengagement von Kindern und Jugendlichen. Dies zeigen auch die Ergebnisse einer eigenen Jugendsportstudie (vgl. JuSt, 2013; Laging, Böcker & Dirks, 2014). Danach gehen 62 % aller Jugendlichen (n = 2208) regelmäßig einem sportlichen Training nach und 46 % der Jugendlichen geben zudem an, zusätzlich oder ausschließlich freizeitsportlich aktiv zu sein. Noch häufiger sind sie mit »Computer/Internet«, »Fernsehen/Videos«, »Hausaufgaben« und »Freunde treffen« befasst. Allerdings gehören Bewegung und Sport in der Zusammenfassung der Items *Training* und *Freizeitsport* zu den wichtigsten Freizeitaktivitäten von Kindern und Jugendlichen. Dabei trainieren Mädchen etwas seltener und sind in der Freizeit weniger bewegungsaktiv als Jungen. Dafür nehmen die Hausaufgaben bei ihnen mehr Zeit in Anspruch.

Fragt man Jugendliche, ob sie in ihrer Freizeit sport- und bewegungsaktiv sind, also informell, kommerziell, im schulischen Kontext oder vereinsorganisiert, dann beantworten 85 % diese Frage mit »ja« (vgl. JuSt, 2013). Damit wird noch einmal eindrucksvoll unterstrichen, dass Bewegungs- und Sportaktivitäten zum Lebensalltag von Jugendlichen gehören. Sie beanspruchen in einem erheblichen Umfang Ressourcen in *öffentlichen Freiräumen* (Straße, Parks, ...) und vor allem in *institutionalisierten öffentlichen Räumen* (Vereine, Sportanlagen, Fitnessstudios, Ballspielanlagen, ...).

Schaut man sich die Gründe derjenigen an, die nicht bewegungsaktiv sind, dann sind es meist nicht die fehlenden Gelegenheiten oder Ausstattungen, sondern bei 75 % der inaktiven Jugendlichen (n = 322) fehlt die Zeit zur Ausübung von Sport- und Bewegungsaktivitäten. Passende Angebote bemängeln nur 36 % und kein Interesse am Sport geben 24 % der inaktiven Jugendlichen an. Auch bei der Beendigung von Sportarten spielt der Zeitfaktor eine wichtige Rolle. Jugendliche geben aus einer Reihe von Items als Hauptgrund an, dass sie mehr Zeit für die Schule benötigen (vgl. JuSt, 2013). Trotz dieser Aussagen zeigt sich, dass Kinder und Jugendliche noch nie so umfangreich bewegungsaktiv waren, wie dies derzeit der Fall ist.

In Bezug auf das vereinsorganisierte Sportengagement von Kindern und Jugendlichen lässt sich relativ zuverlässig ein hoher Organisationsgrad feststellen, der in den letzten 30 Jahren vor allem bei den Kindern stetig gestiegen ist und sich seit Jahren auf einem relativ hohen Niveau bei Kindern und Jugendlichen eingependelt hat. So sind 86 % der Kinder im Alter von 10–14 Jahren für mehrere Jahre Mitglied im Verein, bei den 3–6-Jährigen ist es mittlerweile jedes vierte Kind (vgl. Schmidt, 2003, S. 113 ff.). Auf der Grundlage der *DSB-SPRINT-Studie* sind Kinder zwischen 7 und 14 Jahren zu 76 % (Jungen) bzw. 59 % (Mädchen) und Jugendliche zwischen 15 und 18 Jahren zu 62 % (Jungen) bzw. 42 % (Mädchen) im Sportverein organisiert (vgl. Burrmann, 2008, S. 394). Die Ergebnisse der eigenen *Jugendsportstudie* (vgl. JuSt, 2013) bestätigen diesen hohen Organisationsgrad: Der Vereinssport wächst von 62 % bei den Jungen bzw. 59 % bei den Mädchen von der Klasse 5 auf 71 % bei den Jungen bzw. 64 % bei den Mädchen in der Klasse 8 an. Danach fallen die Werte bis zur Klasse 10 auf 66 % bei den Jungen bzw. 60 % bei den Mädchen ab. Jungen und Mädchen sind im Jugendalter offenbar stark in den vereinsorganisierten Sportbetrieb eingebunden. Allerdings bestätigt sich auch in dieser Studie der geringere Organisationsgrad bei Mädchen; er ist bereits in der 5. Klasse zu erkennen und nimmt bis zur 10. Klasse kontinuierlich zu. In der *MediKus*-Studie (vgl. Züchner, 2013, S. 106) sind bei den Jugendlichen die Jungen vom 14. bis zum 18. Lebensjahr zwischen 67 % und 56 %, Mädchen zwischen 53 % und 45 % im Sportverein aktiv. Nimmt man ehemalige und aktuelle Mitglieder zusammen, dann ergibt sich ein Organisationsgrad bei Kindern und Jugendlichen in NRW von nahezu 90 %, d. h. neun von zehn Kindern und Jugendlichen sind in Kindheit und Jugend über mehrere Jahre Mitglied in einem Sportverein gewesen (vgl. Schmidt, 2003, S. 113).

Nun finden Sport- und Bewegungsaktivitäten nicht nur im organisierten Sport statt, sondern auch und mit wachsender Tendenz als informelles Sport- und Bewegungsengagement, das neben dem Vereinssport kommunal, kommerziell oder selbst organisiert wird und z. B. in Seilgärten, auf Eisbahnen, in Fitnessstudios oder auf der Straße und vor der Haustür stattfindet. Informelle Bewegungs-, Spiel- und Sportaktivitäten nehmen mit dem wachsenden Aktivitätsradius von Kindern und Jugendlichen kontinuierlich zu. So spielen 90 % der Kinder im Alter von 3 bis 13 Jahren draußen und ca. 70 % dieser Altersgruppe ist außerhalb des organisierten Sports regelmäßig sportlich aktiv. Sie spielen überwiegend mehrmals in der Woche bis täglich draußen und nennen Spiel und Sport als bedeutendste Freizeitbeschäftigung (vgl. Burrmann, 2008, S. 396). Bei Jugendlichen schwanken die Angaben je nach Bundesland und Studie zwischen 86 % und 54 %, die regelmäßig mindestens einmal in der Woche im informellen Kontext Sport treiben oder bewegungsaktiv sind (vgl. Baur & Burrmann, 2004, S. 21). Im Vergleich zur gemessenen Quote von 86 % in NRW liegt der Anteil der selbstorganisiert Aktiven gut 10 Jahre später in der *MediKuS*-Studie je nach Altersgruppe bei 89 % (9–12 Jahre) bzw. 87 % (13–17 Jahre) und 91 % (18–24 Jahre). Auch der Anteil der *ausschließlich* selbstorganisiert Sporttreibenden steigt für diese

Altersgruppen von 20 % auf 37 % kontinuierlich an (vgl. Züchner, 2013, S. 107). Es wird also nicht nur im Verein Sport getrieben, sondern es zeigt sich eine äußerst aktive Jugend, die sich außerhalb von Schule und neben dem Sportverein in der Freizeit sportlich betätigt. Dabei geht es um Sport auf Bolzplätzen, Beach- oder Skateranlagen, Parks, Straßen und in Wäldern, aber auch um Fitnessstudios, Kletterhallen und Seilgärten. Diese Entwicklung muss im zeitlichen Verlauf vorliegender Studien als stabil oder sogar ansteigend eingeschätzt werden, wie dies auch die eigene Jugendsportstudie (vgl. JuSt, 2013) zeigt: Die Freisportaktivitäten nehmen ab der 5. Klasse kontinuierlich von 50 % der Jungen bzw. 47 % der Mädchen auf 74 % bei den Jungen bzw. 76 % bei den Mädchen in der Klasse 10 zu, wobei der Zuwachs bei den Mädchen etwas stärker ausfällt. Dieser wachsende Anteil an Freizeitsportaktivitäten bestätigt die Befunde anderer Studien zum selbstorganisierten Sporttreiben außerhalb von Schule und Sportverein (vgl. Baur & Burrmann, 2004, S. 25 ff.; Burrmann & Baur, 2004, S. 70 ff.; Züchner, 2013, S. 107).

Tendenziell eher gegensätzlich fallen die Daten aus der *MoMo-Studie* aus. So wird für die Altersgruppe der 4–12-Jährigen eine deutlich niedrigere Beteiligung an selbstorganisierten Sport- und Bewegungsaktivitäten außerhalb des Sportvereins berichtet. Danach treiben 33 % der Mädchen und 38 % der Jungen Sport außerhalb von Vereinen oder sind dort bewegungsaktiv (vgl. Woll u. a., 2008, S. 182). Der Anteil der Kinder, die selbstorganisiert Sport treiben, wächst bis zum Schuleintritt an und bewegt sich dann »bei Mädchen zwischen 30 und 40 % und bei Jungen zwischen 40 und 50 %« (ebd., S. 183). Diese geringere Beteiligungsquote am Sport außerhalb des Vereins hängt sicherlich damit zusammen, dass hier ausschließlich Kinder (und keine Jugendlichen) befragt worden sind. Insofern deuten auch diese Zahlen darauf hin, dass der selbstorganisierte Freizeitsport erst im Jugendalter an Bedeutung zu gewinnen scheint.

Interessant ist nun, welche Sportarten von Kindern und Jugendlichen im Vereins- und Freizeitsport präferiert werden (vgl. JuSt, 2013; Züchner, 2013, S. 112). Wenn man die Sportarten von Freizeit- und Vereinssport vergleicht, dann zeigen sich deutliche Unterschiede (vgl. Tab.).

Präferierte Sportarten im Freizeit- und Vereinssport (JuSt, 2013)

Freizeitsport				Vereinssport			
Sportarten	**männlich**	**weiblich**	**gesamt**	**Sportarten**	**männlich**	**weiblich**	**gesamt**
Fitnesssport	43,1 %	49,9 %	46,8 %	Spielsportarten	57,3 %	33,8 %	45,3 %
Outdoorsport	20,2 %	18,7 %	19,4 %	Tanzsport	3,1 %	22,1 %	12,8 %
Spielsportarten	21,6 %	5,8 %	13,1 %	Individualsport	9,6 %	15,5 %	12,7 %
Individualsport	8,9 %	13,1 %	11,2 %	Kampfsport	9,5 %	3,7 %	6,7 %
Tanzsport	1,0 %	5,7 %	3,5 %	Reitsport	0,1 %	12,9 %	6,7 %
Reitsport	0,2 %	3,0 %	1,7 %	Fitnesssport	6,7 %	6,2 %	6,4 %
Kampfsport	1,1 %	0,2 %	0,6 %	Outdoorsport	3,7 %	0,9 %	2,3 %

Die betriebenen Sportarten zeigen einen deutlichen Unterschied zwischen Freizeit- und Vereinssport sowie zwischen Jungen und Mädchen. Im Freizeitsport dominiert das Interesse an Fitnessaktivitäten und dies sowohl bei Jungen als auch bei Mädchen. Dazu gehören überwiegend Aktivitäten wie Joggen, Kraft- und Ausdauersport, aber in geringerem Umfang auch Besuche im Fitnessstudio. Weitere Sportarten sind Outdooraktivitäten wie Radfahren, Wasser- oder Skisport. Nach Geschlechtern zeigt sich eine deutliche Differenz zwischen Spielsportarten und Individualsportarten. Während Jungen vor allem in verschiedenen Sportspielen aktiv sind, allerdings mit dem Schwerpunkt »Fußball«, sind Mädchen in den Individualsportarten, speziell im Schwimmsport, stärker aktiv.

Im Kontext des Vereinssports dominieren bei beiden Geschlechtern die Spielsportarten, allerdings bei den Jungen deutlich mehr als bei den Mädchen. Insgesamt zeigen Mädchen ein deutlich breiteres Spektrum an Sportaktivitäten. Sie sind neben Sportspielen auch umfangreich in den Tanzsport, den Individualsportarten (Schwimmen) und den Reitsport eingebunden. In der Grundtendenz stimmen diese Zahlen – bis auf die Kategorie »Spielsportarten« bei den Mädchen – mit der *MediKuS*-Studie überein (vgl. Züchner, 2013, S. 112), wobei die Beteiligungswerte an den einzelnen Sportartengruppen in der eigenen Studie deutlich geringer ausfallen.

In der Grundtendenz ist die Wahl der Sportarten bei Kindern zwischen 4 und 12 Jahren grundsätzlich nicht anders, wie die Ergebnisse aus der *MoMo-Studie* zeigen (vgl. Woll u. a., 2008, S. 182). Jungen bevorzugen im Vereinssport den Spielsport »Fußball« mit 49 %, der im Übrigen auch in den anderen Studien mit zusammenfassenden Sportartengruppen den »Spielsport« dominiert, es folgen dann die Individualsportarten »Schwimmen« (15 %) und Turnen (14 %). Bei den Mädchen dominieren im Vereinssport noch die Individualsportarten Turnen (33 %) und Schwimmen (20 %) im Gegensatz zum Jugendalter mit einer Zunahme der Spielsportarten. Das Tanzen, das bereits im Kindesalter mit 13 % auf dem dritten Platz der Beliebtheit liegt, nimmt im Jugendalter deutlich zu und rangiert auf den zweiten Platz der Beliebtheitsskala.

Im selbstorganisierten Freizeitsport dominiert bei Jungen und Mädchen das Radfahren mit jeweils 59 % Anteil an den präferierten Sportarten (vgl. Woll u. a., 2008, S. 183). Diese in der obigen Tabelle unter Outdoorsport gefasste Sportart rutscht mit anderen Outdooraktivitäten im Jugendalter deutlich auf den zweiten Platz ab und muss den Fitnesssportarten mit einem Anteil zwischen 43 % (Jungen) und 50 % (Mädchen) weichen. In der *MoMo-Studie* folgen dann dem Radfahren bei den Jungen Fußball (36 %) und Schwimmen (27 %), bei den Mädchen Schwimmen (31 %) und Fußball (9 %).

Nun sagen Häufigkeit und gewählte Sportart des Sport- und Bewegungsengagements in Verein, Freizeit und Schule noch recht wenig über das zeitliche Ausmaß der Aktivität aus. Die oben geführte Diskussion um ausreichende Bewegungs- und Sportaktivitäten zielt darauf ab, genauere Angaben über die Intensität der körperlich-sportlichen Aktivität zu erhalten. Hierzu werden Daten herangezogen, die die Häufigkeit und den zeitlichen Umfang der Aktivität pro Woche zeigen.

Aus der eigenen Jugendsportstudie (vgl. JuSt, 2013) ergibt sich eine wöchentliche Häufigkeit beim Vereinssport von meist 2–3 mal (52 %), 4–6 mal (17 %) und täglich (3 %). Damit treiben 72 % aller Jugendlichen intensiv Vereinssport. Nur 28 % sind einmal in der Woche (25 %) oder nur manchmal (3 %) sportlich im Verein aktiv. Beim Freizeitsport ist die Intensität deutlich geringer: Sehr aktiv sind 48 % (2–3 mal, 4–6 mal täglich) und wenig aktiv sind 52 % (einmal pro Woche und manchmal). Obwohl mit zunehmendem Alter mehr Freizeitsport getrieben wird, fällt dieser gegenüber dem Vereinssport weit weniger als intensives Sporttreiben aus.

Genauer sind jedoch die Zeitangaben der Befragung, die deutlich geringer ausfallen als die Häufigkeitswerte hätten vermuten lassen (▸ Abb. 1). Im Verein treiben 63 % der Jugendlichen 3–5, 5–10 oder mehr als 10 Stunden pro Woche Sport. Im Durchschnitt werden im Verein 6,3 Stunden (SD = 4,3) Sport pro Woche getrieben. Weniger Zeit für den Vereinssport wenden dagegen 37 % der Jugendlichen auf (< 1 und bis 3 Stunden pro Woche).

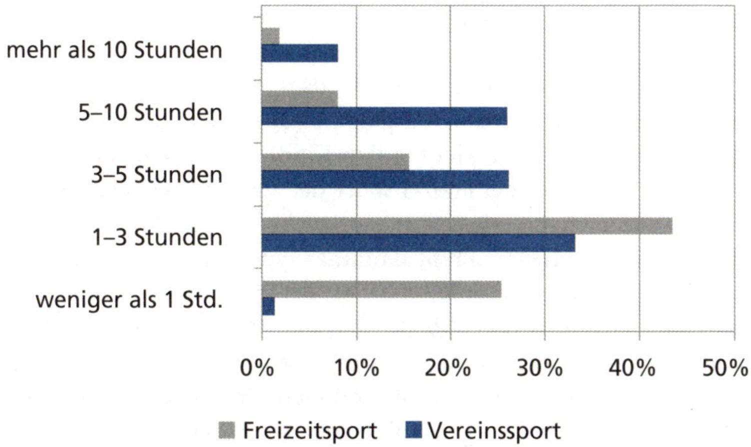

Abb. 1: Zeitumfänge sportlicher Aktivitäten pro Woche (JuSt, 2013)

Im Freizeitsport sind 29 % der Jugendlichen zwischen 3–5, 5–10 oder mehr als 10 Stunden pro Woche bewegungsaktiv, wenig aktiv dagegen sind 71 % (< 1 und bis 3 Stunden pro Woche). Im Durchschnitt sind Jugendliche 4,3 Stunden (SD = 3,9) im Freizeitsport pro Woche in Bewegung. Damit bestätigt sich die geringere Intensität beim Freizeitsport gegenüber dem Vereinssport noch einmal deutlich, obwohl der Freizeitsport in der Häufigkeit im Jugendalter deutlich zunimmt.

Legt man die empfohlene Guideline von 60 Minuten tägliche moderate körperliche Aktivität zugrunde (vgl. Woll u. a., 2008), dann fällt der Aktivitätsgrad deutlich niedriger aus, als das Bewegungs- und Sportengagement vermuten lässt. Dieses Maß erfüllen nur diejenigen, die mindestens 5–10 Stunden bzw. mehr als 10 Stunden sport- und bewegungsaktiv sind. Allein mit dem Vereinssport erfüllen 36 % der aktiven Jugendliche diese Norm, 27 % schaffen es auf 30 Minuten Bewegungszeit am Tag und weitere 37 % liegen deutlich darunter. Da aber neben dem Vereinssport, der in der Regel zeitintensiv stattfindet und nahezu 60 % aller Jugendlichen umfasst, parallel – mit geringerem Zeitaufwand – auch noch Freizeitsport von 45 % aller Jugendlichen betrieben wird (vgl. JuSt, 2013), kann davon ausgegangen werden, dass sich der Anteil der Jugendlichen mit durchschnittlich 60 Minuten Aktivitätszeit auf mehr als die Hälfte aller Jugendlichen beläuft.

An diesen Zahlen wird deutlich, dass der Vereinssport einen erheblichen Anteil am Aktivitätsgrad hat, aber allein nicht ausreicht, um die gewünschte Aktivierung von Kindern und Jugendlichen zu erreichen. Es müssen der Freizeitsport, der Schulsport (einschließlich des Sportunterrichts mit 2 Stunden wöchentlicher Bewegungszeit) und die Alltagsaktivitäten hinzukommen, um den Anteil deutlich zu steigern. Dies unterstreicht, dass es der Kombination mehrerer Aktivitätsbereiche bedarf. Ob allerdings die Zeitumfänge ein valides Maß für eine moderate Intensität des Bewegens angeben, muss hier offenbleiben. Berechnungen im Rahmen der *MoMo-Studie* zur Intensität täglichen Bewegens mit einem gewichteten Minutenindex kommen zu einem anderen Ergebnis (vgl. Woll u. a., 2008, S. 179). Dieser Index prüft, wie viele Kinder (von 4 bis 12 Jahren) die empfohlene Guideline von 60 Minuten körperlicher Aktivität mit moderater Intensität pro Tag erfüllen (vgl. ebd., S. 184 ff.). Die Studie zeigt nun, dass im Durchschnitt nur 20,7 % aller Kinder (Mädchen: 18,2 %, Jungen: 23,2 %) dieser Norm nachkommen. Mit zunehmendem Alter nimmt dieser Anteil ab.

Die Diskrepanz in der Intensität des Bewegens geht auf die unterschiedlichen Maßzahlen aus dem zeitlichen Umfang und der berechneten sportlichen Fitness nach Minutenindex zurück, wobei hier erneut die Frage nach der Definition von Fitness im Vergleich zur erlebten Bewegungszeit von Kindern aufgeworfen wird, die sich auch hier nicht abschließend klären lässt. Trotz der niedrigeren Quote in der Erfüllung der täglichen Bewegungszeit bei Kindern stellen die Autoren ebenfalls fest, »dass sich mit zunehmendem Alter die Aktivität der Kinder verändert, aber nicht verringert« (ebd., S. 189).

Auch die zitierte Studie von Kleine (2003, S. 26) berichtet zeitliche Umfänge für informelle Bewegungsaktivitäten von Kindern im Alter von 5 bis 12 Jahren. Danach lassen sich für Mädchen 8 Stunden und für Jungen 10 Stunden Aktivitätszeit pro Woche feststellen. Hinzu kommen sportliche Aktivitäten im Verein oder bei kommerziellen

Anbietern und die täglichen Wegstrecken, die mit ein bis zwei Kilometern angegeben werden (vgl. Burrmann, 2008, S. 397).

Ob nun die empfohlene Norm von 60 Minuten tägliche moderate Bewegungszeit an sich sinnvoll ist oder ob nicht auch weniger Aktivitäten Kinder und Jugendliche als bewegungsaktiv ausweisen, muss ebenfalls offenbleiben. Unstrittig ist die hohe Bedeutung von Bewegungsaktivitäten für das Aufwachsen von Kindern und Jugendlichen. Dabei scheint es wichtig zu sein, Kinder und Jugendliche in den unterschiedlichen Kontexten von Schule, Verein und Freizeit sowie im Alltag in Bewegung zu bringen.

2.3 Folgerungen für eine Bewegungsorientierung

In diesem Kapitel ist die Diskussion um die motorische Leistungsfähigkeit, vor allem bei Kindern, und das Ausmaß des Bewegungs- und Sportengagements in den unterschiedlichen Kontexten von Verein, Freizeit, Schule und Alltag nachgezeichnet und diskutiert worden. Die eingangs herausgestellte Befürchtung eines Bewegungsmangels aufgrund veränderter Bedingungen des Aufwachsens hat durch gegensätzliche Forschungsergebnisse zu einer Relativierung der Defizithypothese geführt.

Die Diskussion um die motorische Leistungsfähigkeit von Kindern auf der einen Seite und um das Bewegungs- und Sportengagement von Kindern und Jugendlichen auf der anderen Seite verweist auf eine grundsätzliche Problematik zwischen gemessener motorischer Leistungsfähigkeit und Bewegungsaktivität. Die gemessene motorische Leistungsfähigkeit kann nur begrenzt Auskunft über das Bewegungsengagement geben und erst recht nichts über die Erfahrungen sagen, die Kinder und Jugendliche in Sport- und Bewegungssituationen machen. Das in Kapitel 1 dargelegte Erfahrungs- und Bildungspotenzial des Sich-Bewegens hat mit einer solchen messbaren motorischen Leistungsfähigkeit nur sehr wenig zu tun. Daher ist es auch nicht verwunderlich, dass wir es mit zwei gegensätzlichen Tendenzen zu tun haben, in denen einerseits ein erheblicher Rückgang in der motorischen Leistungsfähigkeit beklagt wird und andererseits aber noch nie so viele Kinder und Jugendliche so früh und so umfangreich sportlich aktiv gewesen sind. Daraus lässt sich folgern, dass der freiwillige Organisations- und Aktivierungsgrad von Kindern und Jugendlichen im Sport derzeit so hoch ist wie noch nie. Um die Diskrepanz zwischen einer niedrigen *motorischen* Leistungsfähigkeit bei gleichzeitig hohem Niveau an Bewegungs- und Sportaktivitäten erklären zu können, geht man davon aus, dass auch hohe *sportliche* Aktivität nicht fehlende Alltagsmotorik kompensieren kann (vgl. Bös, 2003, S. 107; Bös, Krug & Schmidt, 2011). Dazu Brettschneider und Bünemann (2005, S. 75): »Die heutigen Lebensumstände haben sich in einer Form verändert, die es Kindern und Jugendlichen zunehmend schwer machen, im Alltag das erforderliche Maß an kumulierter moderater körperlicher Aktivität« zu erbringen.

Nun sagt aber ein hohes bewegungsbezogenes Engagement noch nichts über die Verbesserung oder Verschlechterung der motorischen Leistungsfähigkeit aus. Dazu müsste erst einmal geprüft werden, inwieweit das Bewegungs- und Sportengagement als Indikator für ausreichende Bewegung hinsichtlich der motorischen Leistungsfähigkeit tauglich ist. Es bleibt auch fraglich, ob das trainingswissenschaftliche Modell zur Erfassung der motorischen Leistungsfähigkeit überhaupt geeignet ist zu klären, über welche *Bewegungskompetenzen* Kinder und Jugendliche heute verfügen, um an der gegenwärtigen Sport- und Bewegungskultur teilnehmen zu können. Weil die »Trendaktivitäten« wie Skaten, Skateboardfahren, Streetball, Beachvolleyball, Soccer oder Mountainbiken vor 20 bis 25 Jahren kaum für Kinder verfügbar gewesen sind, ist es derzeit schwierig, die Diskrepanz zwischen den Ergebnissen zur motorischen Leistungsfähigkeit einerseits und dem Sport- und Bewegungsengagement andererseits aufzuklären.

In pädagogischer Orientierung geht es nun darum, Kinder und Jugendliche durch eine Bewegungsorientierung in Schule und Unterricht im Bewegungskönnen mit Kompetenzen auszustatten, die sie in die Lage versetzen, auch außerhalb von schulischen Räumen, Bewegungs- und Sportgelegenheiten in Verein, Freizeit und Alltag aufzusuchen und intensiv zu nutzen. Dies wird vor dem Hintergrund einer ganztägigen Schulentwicklung besonders wichtig. Insofern könnte eine Konsequenz der Schule darin bestehen, über die Verbesserung von informellen Bewegungsgelegenheiten Anregungen für das außerschulische Bewegungs- und Sportleben zu geben. Zudem kann die Nutzung von non-formalen Sport- und Bewegungsangeboten Kinder und Jugendliche mit zusätzlichen Kompetenzen ausstatten, die sie bewegungs- und sportaktiver werden lassen.

Die zwar umfänglich genutzten, aber oft genug wenig attraktiven öffentlichen Räume für selbstorganisierte Bewegungsaktivitäten bedürfen zur Erhöhung des Aktivierungsgrades von Kindern und Jugendlichen eine deutlich bessere Ausstattung und Zugänglichkeit, als dies derzeit gegeben ist. Hier sind vor allem die kommunalen Einrichtungen gefordert, den öffentlichen Raum auch als Bewegungsraum zu verstehen. Städte und Kommunen müssen sich beispielsweise fragen lassen, ob sie in der Verbauung der Lebensräume hinreichend darauf geachtet haben, dass Menschen immer auch und ganz grundlegend Bewegungswesen sind, wo also z. B. das ansprechende Wegenetz für Fußgänger und Radfahrer ist. Eltern müssen sich fragen lassen, welche Strecken ihre Kinder zu Fuß und mit dem Fahrrad zurücklegen können, wie viele bewegungsanregende Spielgeräte sie ihren Kindern nahebringen, wie viele und welche Bewegungsräume sie ihren Kindern zugänglich machen und wie viel sie sich eigentlich selbst in ihrem Alltag bewegen. Kinder und Jugendliche müssen mit den Möglichkeiten bewegungsorientierter Alternativen zur bequemen motorisierten Fortbewegung und zur mediengestützten Inaktivität konfrontiert werden.

Der Schule fällt wegen ihres umfassenden Bildungsauftrags und auch aufgrund ihres großen Zeitumfangs eine Verantwortung in der Vermittlung hinreichender Bewegungskompetenzen zur Teilnahme an der Bewegungs- und Sportkultur in den Kontexten von Verein, Freizeit und Alltag zu. Diesem Auftrag muss die Schule gerecht werden.

3

Bewegte Schule: Konzeptionelle Entwicklung

Die heutigen Konzepte der Bewegten Schule sind vor über 25 Jahren entstanden und haben seitdem Eingang in die Schule gefunden, wenn auch nicht flächendeckend und gleichmäßig in allen Schulformen, so doch in zunehmendem Maße. Besonders die Grundschulen, aber auch die Förder-, Haupt- und Gesamtschulen sind heute in der Tendenz deutlich bewegungsorientierter gestaltet, als dies zuvor der Fall war und heute noch bei Realschulen und vor allem Gymnasien (vgl. Laging & Stobbe, 2011b) ist. Die Realisierung bewegungsorientierter Schulkonzepte geht in erster Linie auf das Engagement von Lehrkräften und Schulleitungen zurück, die auf aufgelegte Programme, Broschüren und Materialien der Kultusministerien und Fortbildungen oder Konzepte aus der Bewegungs- und Sportpädagogik zurückgreifen konnten. Es gibt in Deutschland kaum ein Bundesland, das nicht die Idee der Bewegten Schule fördert oder diese zumindest in sein Programm zur Gesundheitsförderung eingebunden hat.[1] Die Verbreitung der Bewegten Schule durch praxisorientierte Konzepte findet sich über Deutschland hinaus ebenso in der Schweiz[2] und in Österreich[3]. In diesen Ländern sind Konzepte und Materialien für den Schulalltag entstanden, an denen sich Lehrkräfte orientieren können (vgl. BASPO, 2013; Themenheft, 2015).

Vielfach geschieht dies in der Weise, dass Schulen ihren bestehenden Schulalltag mit Sport- und Bewegungsangeboten in Pausen und Arbeitsgemeinschaften am Nachmittag anreichern. So werden Schulhöfe bewegungsanregend eingerichtet, Kooperationen mit Sportvereinen oder anderen außerschulischen Partnern aufgenommen sowie Spielmaterialien zur Verfügung und Spielgeräteausleihen in die Selbstverantwortung von Schülerinnen und Schülern gestellt. Einige Lehrerinnen und Lehrer gestalten auch ihren Unterricht bewegungsorientierter, als sie dies noch vor Jahren getan haben: Gelernt wird durch und mit Bewegung, Bewegungspausen unterbrechen einseitige Lernanstrengungen und die Vielfalt der Lernorte innerhalb und außerhalb der Schule lässt Kinder und Jugendliche die Welt facettenreicher und handlungsbezogener in Erfahrung bringen. Aber nicht allein diese Erweiterung lässt Schulen bewegter werden; vielmehr müssen Schulen selbst in Bewegung kommen. Immer dann, wenn sich eine Schule auf den Weg der Umgestaltung und Weiterentwicklung begibt, gerät die Schule als Ganze in Bewegung (vgl. Städtler, 2007; 2010). Beispielhaft soll die Definition zur Bewegten Schule aus Österreich zitiert werden:

1 siehe z. B. Niedersachsen: http://www.bewegteschule.de

2 siehe: http://www.schulebewegt.ch

3 siehe: http://bewegteschule.at/praxis/portale/bewegte-schule

> »Schule in Bewegung zu bringen heißt für uns, Schule zu verändern durch eine kind-, lehr- und lerngerechte Rhythmisierung des Unterrichts, durch bewegendes und bewegtes Lernen, durch bewegte Pausen, durch bewegende, beteiligende und damit gesundheitsfördernde Organisationsstrukturen, durch Öffnung der Schule nach außen, durch vernetztes Denken.« (Leitner u. a., 2015, S. 10)

Aus dieser Perspektive lassen sich grundlegende Schulentwicklungsfragen formulieren:

- Wie kann der Schultag durch Rhythmisierung bewegungsfreundlicher gestaltet werden und einen Wechsel von Konzentration, Ruhe und Zerstreuung ermöglichen?
- Wie lange sollen Pausen dauern, um ausreichend Bewegungszeit zu geben?
- Müssen Unterrichtsstunden zu größeren Zeiteneinheiten geblockt werden?
- Wie können die unterrichtlichen Vermittlungsformen bewegungsorientierter gestaltet werden, um das Erschließen von Unterrichtsinhalten zu erleichtern?
- Wie kann das außerunterrichtliche Schulleben durch weitere Bewegungs- und Sportangebote bereichert werden?
- Wie muss das Schulgelände gestaltet sein, damit es in angemessener Weise zum Sich-Bewegen einlädt und anregt?
- Lässt sich das Schulgelände als Bewegungsraum für die Freizeitgestaltung von Kindern und Jugendlichen am Nachmittag öffnen?
- Wie sieht es mit den Bewegungsaktivitäten der Lehrenden selbst aus?
- Wie bewegungsfreundlich sind Aufenthaltsräume für Lehrerinnen und Lehrer eingerichtet?

Gleichwohl darf man bei aller Wertschätzung dieses Engagements nicht übersehen, dass die Einbindung von Bewegung, Spiel und Sport in ein verbindliches Schulprogramm bzw. in eine Gesamtentwicklungskonzeption der Schule noch eher selten ist. Vielfach handelt es sich um vereinzelte Aktionen, deren Sinnhaftigkeit und vor allem Nachhaltigkeit erst noch zu prüfen wäre, wie etwa die Möblierung eines Pausenhofs mit Geräten, die der Schulträger bereit ist zu finanzieren, ohne die nötige Partizipation der Nutzer zu berücksichtigen. Oder die vermeintlich konditionsverbessernden Körperübungen im Klassenraum, deren Sinn ebenso erst noch zu klären wäre. Benötigt werden reflektierte bewegungsorientierte Konzepte für die Schule, die auch auf eine Nachhaltigkeit im Bewegungsleben von Kindern und Jugendlichen zielen.

Nun sind solche Konzepte nicht gänzlich neu, sie haben in der Geschichte der Leibeserziehung bereits Vorläufer, weil Bewegung und Körperübungen Lernen, Entwicklung und Bildung seit der Antike begleiten. Die Geschichte verweist aber auch auf die Problematik einer körperfeindlichen Pädagogik, die die Kinder hinter die Bänke *festgesetzt* hat (vgl. Rumpf, 1981). Ohne an dieser Stelle bis zu den Peripatetikern in den Wandelhallen im alten Griechenland zurückzugehen, soll es hier zum Verständnis der heutigen Konzepte der Bewegten Schule reichen, die Bezüge seit der Zeit der Aufklärung aufzuzeigen. So forderte Rousseau bereits in seinem 1762 erschienenem Erziehungsroman »Emile oder über die Erziehung« (1876, S. 101): »Übe unablässig den Leib, mache ihn kräftig und gesund, um ihn weise und vernünftig zu machen«. Von hier aus nahm die moderne Leibeserziehung ihren Lauf. GutsMuths führte eine *Gymnastik* ein, die die Brauchbarkeit des Körpers im Alltag schulen sollte und beklagte sich über die Pädagogik seiner Zeit: »Ihr lehrt Religion, ihr lehrt sie Bürgerpflicht; Auf ihres Körpers Wohl und Bildung seht ihr nicht« (GutsMuths, 1804, erste Innenseite). Adolf Spieß (1842, Vorwort) verstand das *Turnen* als Schulung von Körperdisziplin, die dem Geist zu dienen habe, und Unterordnung unter staatliche Interessen. Das *Natürliche Turnen* der Österreicher Gaulhofer und Streicher (1931) und die Gymnastikbewegung hingegen versuchten, die Befreiung des Körpers aus disziplinierenden Mustern zu ermöglichen, und forderten den freien Bewegungsausdruck ein. Der moderne *Sport* verlangte schließlich Bewegungstechniken zur Teilhabe an freizeitlichen Aktivitäten und die Bewegte Schule betont die *Bewegung* als grundlegenden Beitrag zur Förderung von Gesundheit, Bildung und Lernen. Leibesübungen, Körperertüchtigung und Sport sind bis in die Antike hinein immer wieder zwischen Propädeutik, stumpfsinniger Abhärtung und leiblicher Bildung problematisiert und reflektiert worden.

In diesem Kapitel werden nun aktuelle bewegungsorientierte Schulkonzepte nachgezeichnet und Handlungsfelder im Rahmen einer bewegungsorientierten Schulentwicklung systematisiert. Zunächst werden die seit den 1990er Jahren entstandenen Konzepte zur Bewegten Schule (▸Kap. 3.1) mit ihren jeweiligen konzeptionellen Ideen vorgestellt. Anschließend wird (▸Kap. 3.2) ein Überblick zum Forschungsstand zur Bewegten Schule gegeben.

3.1 Konzepte der Bewegten Schule

Die vorliegenden Konzepte zur Bewegten Schule sind Entwürfe zur Veränderung von Schule durch eine stärkere Berücksichtigung von Bewegung im gesamten Schultag. Ihre Entstehung geht meist auf spezifische gesellschaftliche Problemlagen (Sitzen als Belastung, Bewegungsmangel), fachpädagogische Programme (Gesundheitsförderung, Bewegungserziehung) oder schulpädagogische Entwicklungen (Schulprogramm, Schulqualität, Schulkultur) zurück. Sie haben in einem oder mehreren dieser pädagogischen Kontexte eine stärkere Bewegungsorientierung der Schule begründet und dafür theoretische Rahmenkonzepte mit Vorschlägen für die Gestaltung einer Bewegten Schule entworfen.

In den 1980er Jahren haben Urs Illi und Lukas Zahner in der Schweiz aus der Kritik an der traditionellen Sitzschule unter dem Motto »Sitzen als Belastung« (Illi, 1993) eine Kampagne für mehr Bewegung in Schulen zur Kompensation eines sitzenden Lebensstils angestoßen und so die Idee der »Bewegten Schule« als »Gesunde Schule« begründet (vgl. Illi, 1995; Illi & Zahner, 1999). Dieser Anstoß hat in den 1990er Jahren in Deutschland (und auch in Österreich) zur Entwicklung von weiteren bewegungsorientierten

Schulkonzepten geführt, die sich in der Folgezeit konzeptionell ausdifferenziert und Vorschläge für die Praxis der Bewegten Schule entwickelt haben (vgl. Laging, 2007; Regensburger Arbeitsgruppe, 2001; Thiel, Teubert & Kleindienst-Cachay, 2010). Unter der fachpädagogischen Orientierung einer Bewegungserziehung entstand in Sachsen eine Konzeption von Christina Müller (2010; Müller & Petzold, 2006), die die Bedeutung von Bewegung für die Entwicklung von Kindern betont und ergänzende Bewegungsanlässe für Pause, Schulleben und Unterricht entwickelt hat. Die aufkommende Leitidee einer Schulentwicklung über Schulprogramme und Schulqualität hat in NRW zum »Haus der Bewegten Schule« geführt. Rüdiger Klupsch-Sahlmann (1995; 1999) hat ein schulumfassendes Konzept zur Einbeziehung von Bewegung in den gesamten Schulalltag entworfen und gezeigt, wie die Bewegte Schule im Schulprogramm verankert werden kann. Die seit den 1990er Jahren entstandene Kategorie der Schulkultur, die eine Art Gesamtsicht auf die Schule mit ihren Werthaltungen und Orientierungen in Schulleben *und* Unterricht bietet und die unterschiedliche Theoriestränge zu übersteigen vermag, hat zur Entwicklung einer Konzeption mit dem Schwerpunkt »bewegte Schulkultur« geführt (vgl. Hinsching, 1995; Drenckhan & Hinsching, 2001; Laging, 1997; 2007; Hildebrandt-Stramann, 1999; 2007a).

Die Konzepte der Bewegten Schule passen in eine pädagogische und sozialwissenschaftliche Forschungsrichtung, die sich in den 1980er und 1990er Jahren mit den Veränderungen in der Lebenswelt von Kindern befasst (vgl. Fölling-Albers, 1989; Zeiher & Zeiher, 1994; Schmidt, 1997) und zugleich die Bedeutung von Bewegung als anthropologische Grundkategorie in die Diskussion einbracht hat (vgl. Ehni, 1990; Zimmer, 1990; Polzin, 1992). Dabei stand vor allem der Spiel- und Bewegungsraum von Kindern in schulischen und außerschulischen Kontexten in der Kritik: Verbauung, Verhäuslichung, Mediatisierung und Verinselung verweisen auf die Folgen moderner Kinderwelt. Vor diesem Hintergrund entwickelte sich gegen die »Körperlosigkeit« von Schule (Rumpf, 1980) die Idee: »Bewegung in die Schule!« (Themenheft, 1993). So entstanden Anregungen für »psychomotorische Bewegungsanlässe«, »anregende Bewegungsräume«, »Spiel- und Bewegungsfeste«, aber auch »Bewegung im Unterricht aller Fächer«, »Wunschsportstunden« und ein erfahrungsorientierter Bewegungsunterricht, der auf Noten verzichten sollte (vgl. Laging, 1993).

Ausgangspunkt dieser Initiativen war nicht eine Defizitperspektive auf Bewegung, sondern das Grundverständnis von Bewegung als Dialog des Menschen mit der Welt (► Kap. 1.1). Diese Argumentation war Anfang der 1990er Jahre eingebettet in eine sportpädagogische Umorientierung, die den Bewegungsbegriff im Sinne einer anthropologisch und entwicklungstheoretisch fundierten Bewegungserziehung mit Lebensweltbezug begründete (vgl. Ehni, 1990; Hildebrandt, 1993; Zimmer, 1990). Konzentrierten sich diese Ansätze zunächst noch auf eine Bewegungserziehung im Sportunterricht einer reformierten Grundschule, so gingen die entsprechenden Konzepte der Bewegten Schule in der Folgezeit dazu über, Schule insgesamt bewegungsorientierter über den Sport- und Bewegungsunterricht hinaus zu entwickeln (vgl. Laging, 1993; Zimmer, 1995; Klupsch-Sahlmann, 1995; Hildebrand-Stramann, 1999; Müller, 2010). Bewegung sollte einen Beitrag zur Verbesserung der Lebenssituation von Kindern und Jugendlichen durch mehr Angebote und Gelegenheiten im Schulleben und im Unterricht aller Fächer leisten. Eine so verstandene Bewegungserziehung konnte sich für die Grundschule mittlerweile weitgehend etablieren (vgl. Bartnitzky u. a., 2009, S. 702–731; Kuhn, 2009). Die Bewegte Schule gehört seitdem zu einem umfassenden Lern- und Erfahrungsbereich »Bewegung, Spiel und Sport« der Grundschule.

Die Konzepte der Bewegten Schule mit ihren zahlreichen Vorschlägen zur praktischen Umsetzung sind mittlerweile in zusammenfassenden Betrachtungen nach praktischen Handlungsfeldern für eine bewegungsorientierte Schulgestaltung strukturiert und systematisiert worden (vgl. Müller & Petzold, 2006; Müller, 2010; Klupsch-Sahlmann, 1999; Hildebrandt-Stramann, 2007a; Laging, 2007; Thiele, Teubner & Kleindienst-Cachay, 2010; Regensburger Projektgruppe, 2001). Die folgende Darstellung orientiert sich an vier konzeptionellen Grundideen zur Bewegten Schule: *Gesundheitserziehung, Bewegungserziehung, Schulprogramm/Schulqualität* sowie *Schulkultur.*

Kompensatorische Gesundheitserziehung

Das erste Konzept zur Bewegten Schule hat Urs Illi (1995; Illi & Zahner, 1999) in der Schweiz vorgelegt. Inhaltlich geht es um eine Gesundheitserziehung zwischen Verhaltens- und Verhältnisprävention als Folge einer ungesunden körperlichen Belastung durch Sitzen. Im Jahr 1983 hat Illi eine Öffentlichkeitskampagne zur Problematik zunehmender Rückenbeschwerden bei Kindern initiiert. In dieser Anfangsphase der Konzeption findet sich der Ausgangspunkt der Schweizer Konzeption zur Bewegten Schule mit der Formel »Sitzen als Belastung«, aus der das Projekt zur Bewegten Schule entstanden ist, das seine organisatorische Einbindung in das 1994 gegründete *Internationale Forum für Bewegung* (IFB) gefunden hat.

Das »Sitzen als Belastung« wird auch in Deutschland zum Ausgangspunkt der Bewegten Schule. Dieter Breithecker (1994; 1996) hat in der Funktion der *Bundesarbeitsgemeinschaft für Haltungs- und Bewegungsförderung* das physiologisch unangemessene lange Sitzen thematisiert und sich für einen durch Bewegung aufgelockerten Unterricht eingesetzt. Aus der Sitzproblematik wird schließlich die Bewegte Schule begründet, die vor allem einen bewegten Unterricht und ein bewegtes Schulleben mit bewegungsfördernden Lebensverhältnissen zum Ziel hat.

Das Konzept »Bewegte Schule – Gesunde Schule« (Illi & Zahner, 1999) identifiziert zunächst mögliche organische Belastungen junger Menschen im Lebensraum Schule. Vor dem Hintergrund einer bewegungsfeindlichen Pädagogik im 19. Jahrhundert kritisiert Illi (1995) die gesundheitlichen Beeinträchtigungen einer Sitzschule mit den statischen Lern- und Lehrformen ohne Handlungsbezug, die Stofffülle, das Sitzen als Disziplinierungsmaßnahme, die großen Klassen, die starren Sitzhaltungen auf ungeeigneten Sitzmöbeln sowie einen unzureichenden Sportunterricht. Die Folgen der trotz vielfältiger

Reforminitiativen so hartnäckig nachwirkenden Stillsitzschule sieht Illi in massiven Rückenbeschwerden von Kindern und Jugendlichen. Auf der Grundlage empirischer Belege einer Freiburger Studie von Balagué stellt Illi (1995, S. 407 f.) fest, dass 30 % der Schülerinnen und Schüler gelegentlich oder chronisch an Rückenbeschwerden leiden. Im *Ersten Kinder- und Jugendsportbericht* von 2003 werden Studien zitiert, die einen Anteil von 35 und 65 % aller 8–18-Jährigen annehmen, die über Rückenbeschwerden klagen (vgl. Sygusch, Brehm & Ungerer-Röhrich, 2003, S. 73). Betz u. a. (2010) berichten, dass 48 % aller Jugendlichen Rückenbeschwerden erwähnen. Insofern scheint diese Problematik bis heute aktuell zu sein. Von diesem Ausgangspunkt entwickelte Illi Lösungsvorschläge im Rahmen einer Bewegten Schule. Die weitergehenden Begründungen sieht er einerseits in der physiologischen Wirksamkeit von Bewegung (Reifung des Gehirns, Neuronenverknüpfung, Wachstum der Knochen, Muskulatur und Bänder, Körpersäftehaushalt, Durchblutungsförderung des Gehirns u. a.) und andererseits in den persönlichkeitsbildenden Möglichkeiten von Bewegungsaktivitäten (motorische Intelligenz, Motive, Einstellungen, Ich-Identität, Vertrauen, sozialer Umgang u. a.) sowie in der Einflussnahme auf die sportbezogene Freizeitgestaltung. Das bewegte Unterrichten erscheint in seinem Konzept (vgl. Illi & Zahner, 1999) als wichtigster Lösungsansatz zur Veränderung des Sitzens als Belastung. Über sinnaktive Formen des Lernens, bewegtes Sitz- und Arbeitsverhalten, einem regelmäßigen Spannungsausgleich und eine bewegte Pause sollen Unterricht und Lernen bewegter gestaltet werden. Darüber hinaus geht es um ein wahrnehmungsbezogenes Bewegungshandeln in einer handlungsorientierten Sporterziehung und ein gesundheitsbewusstes Alltagsverhalten durch entwicklungsförderliche Lebensverhältnisse.

Die Interventionsmaßnahmen beziehen sich im Schweizer Konzept nicht so sehr auf die Initiierung von Haltungsübungen durch die Lehrenden. Vielmehr geht es um die Selbstaktivierung der Schülerinnen und Schüler, die in einem vereinbarten unterrichtlichen und schulischen Rahmen »Bewegungskreativität« entfalten sollen; es geht dabei um die »Herausbildung einer individuellen bewegungsorientierten Handlungskompetenz bei Kindern und Jugendlichen« (Illi & Zahner, 1999, S. 24 f.). Hervorzuheben ist in diesem Konzept die Übernahme der aus der Gesundheitsforschung stammenden Unterscheidung von *Verhaltens-* und *Verhältnisprävention.* So werden die Inhaltsbereiche der Bewegten Schule jeweils in einen Verhaltens- und einen Verhältnisaspekt unterteilt und zueinander in Beziehung gesetzt. Es handelt sich daher um ein Konzept der Gesundheitserziehung, das auf die bewegungsdefizitäre und gesundheitsbeeinträchtigende Lebenssituation und Schulgestaltung von Kindern und Jugendlichen durch Kompensation antworten will. Die Bewegte Schule legitimiert sich daher über einen defizitären Gesundheitszustand. Mit dieser Zuspitzung erfährt das Sich-Bewegen eine Instrumentalisierung als Mittel der Gesundheitsförderung (▸ Kap. 2.1).

Die heutigen Vorstellungen von einer Bewegten Schule haben sich auch in der Schweiz von der Kompensation gesundheitlicher Beeinträchtigungen zu einer schulumgreifenden Konzeption gewandelt.[4] Das aktuelle Schweizer Konzept zur Bewegten Schule beginnt mit der bereits oben erwähnten Forderung »Mehr Bewegung in die Schule!« (BASPO, o. J., S. 4). Es argumentiert zwar auch aus der Perspektive der Gesundheitsförderung, bindet diese jedoch in einen recht umfassenden Schulentwicklungsprozess ein:

> »Die Schule beteiligt sich damit auch an gesellschaftlichen Herausforderungen wie der ›Stärkung von Gesundheit und Wohlbefinden‹, ›Bekämpfung des Bewegungsmangels‹, ›Verbesserung individueller Leistungsfähigkeit‹, dem ›Umgang mit Konflikten‹ und der ›Integration von Menschen unterschiedlicher Kulturen‹.« (ebd.)

Das »Mehr« an Bewegung übersteigt aber diese Sicht und begründet Bewegung als grundlegenden Beitrag zur Förderung von Entwicklung und Lernen in der gesamten Schule:

> »Im Kern geht es um attraktive Bewegungsgelegenheiten und -angebote in der Schule. Die Bewegte Schule ist mehr als ein sportives Konzept: es sollen

4 http://www.schulebewegt.ch/internet/Schulebewegt/de/home.html

> nicht nur Schulsporttage, freiwilliger Schulsport oder gemeinsame Turniere mit den lokalen Sportvereinen organisiert werden, sondern insgesamt mehr Bewegung in die Lern- und Unterrichtskultur der Schule gebracht werden. Die Umsetzungskonzepte der Bewegten Schule sind immer wieder veränder- und erweiterbar und müssen in der Schule, vor Ort entstehen. Sie sind komplex und gehen über den Verantwortungsbereich der Schule hinaus. Damit ist auch klar, dass die Bewegte Schule ein Thema der Schulentwicklung ist.« (ebd., S. 5)

Das Modell bezieht die Bereiche Familie und Freizeit mit ein und betrachtet die Überschneidungsflächen dieser drei Lebenswelten von Kindern und Jugendlichen als potenzielle Handlungsfelder der Schule. Dadurch setzt das heutige Konzept auf Nachhaltigkeit: Die Initiativen für mehr Bewegung wirken in Freizeit und Familie hinein. Praktisch gliedert sich das Modell in drei Säulen (ebd., S. 8), für die jeweils Materialien vorliegen, die regionalspezifisch in die Schulentwicklung eingehen sollen:

1. »In der Schule: Schulanlässe, unterrichtsfreie Zeit, freiwilliger Schulsport
2. In der Klasse: Sportunterricht, Bewegter Unterricht, fächerübergreifender Unterricht
3. Vor/Nach der Schule: Schulweg, Hausaufgaben.«

In Deutschland hat das Thema »Sitzen als Belastung« bis heute seine Verlängerung in verschiedenen gesundheitsorientierten Projekten gefunden. Dort werden Möglichkeiten erprobt, Sitzzeiten durch mehr Bewegungszeiten zu reduzieren. Diese Argumentation wird zwar in eine bewegte Schulentwicklung eingebunden (vgl. Themenheft, 2014), aber sie erfolgt ausschließlich aus der Gesundheitsperspektive. Es wird von einer defizitären motorischen Leistungsfähigkeit durch mangelnde Bewegungsaktivitäten, die vor allem durch zu lange Sitzzeiten vor Bildschirmmedien, in der Schule und auf dem Schulweg entstehen, ausgegangen und auf entsprechende Studien verwiesen, die die sitzenden Zeiten von Kindern und Jugendlichen gemessen haben (vgl. Aue u. a., 2014, S. 144). Danach nutzen Kinder und Jugendliche heute – folgt man der KiGGS-Studie – 2,7 (Mädchen) bzw. 3,8 (Jungen) Stunden täglich audiovisuelle Medien, wobei angenommen wird, dass dies im Sitzen geschieht. Eine europäische Studie nennt zwei Stunden und mehr für 60 % aller Jugendlichen, was aber gleichzeitig auch heißt, dass 40 % der Jugendlichen den maximalen Zeitumfang von 1 bis 2 Stunden erfüllen. Auch zeigen die Zahlen, dass Kinder im Verlauf der vergangenen 40 Jahre zunehmend früher Medien nutzen, was angesichts der Entwicklung der neuen Medien nicht verwundern kann. Auch in diesen Studien wird noch einmal bestätigt, dass die Mediennutzung im Prinzip nicht mit dem Übergewicht von Kindern korreliert (▸ Kap. 2.1). Lediglich Kinder mit bereits vorliegendem Übergewicht scheinen auch überzufällig häufig Medien zu nutzen. Die auf der Grundlage dieser Daten angenommenen langen Sitzzeiten führen schließlich zu einem zu geringen Energieverbrauch durch zu geringe Bewegungs- und Alltagsaktivitäten. Allerdings wird auch berichtet, dass 60 % der sitzenden Zeit gar nicht vor Bildschirmmedien verbracht wird, sondern davon allein 42 % in der Schule (Aue u. a., 2014, S. 145). Aus dieser Perspektive geht es daher um die Reduzierung von Sitzzeiten in der Schule. Entsprechende Projekte empfehlen dann z. B. für die Grundschule die Realisierung eines »Walking Bus«, bei dem die Kinder den Schulweg gemeinsam zu Fuß zurücklegen und sich an bestimmten Sammelstellen treffen. Weiterhin sollen die unterrichtlichen Sitzzeiten durch bewegtes Lernen und Bewegungspausen vermindert werden (vgl. ebd., S. 145 f.).

Etwas anders ist die Konzeption der österreichischen Bewegten Schule ausgerichtet (vgl. Leitner u. a., 2015). Es orientiert sich am salutogenetischen Ansatz der Weltgesundheitsorganisation (WHO) und möchte mit dem Konzept der Bewegten Schule die »Widerstandsressourcen […] gegen schulische und berufliche Belastungen« bei Schülerinnen und Schülern sowie den Lehrkräften stärken. Die Gesundheitsorientierung wird nicht mehr – wie ursprünglich im Ansatz von Illi (1995) – »als Kompensation der Bewegungsarmut im Unterricht« verstanden, sondern sie gehört in den »Rahmen der Schulqualitätsentwicklung«, der »Bewegung als Querschnittsaufgabe für das ganze System Schule« berücksichtigen soll (Leitner u. a., 2015,

S. 10). Das Konzept basiert auf dem »Räderwerk« von Herrmann Städtler (vgl. Abeling & Städtler, 2008), das sich explizit als Ansatz zur Schulentwicklung versteht und die Wechselwirkung der drei Handlungsfelder »*Lern- und Lebensraum Schule*«, »*Unterrichtsqualität*« sowie »*Steuern und Organisieren*« in den Mittelpunkt der Reflexion rückt (Leitner u. a., 2015, S. 11; Städtler, 2015).

Die Bewegte Schule basiert in dieser Konzeption auf gesundheitsfördernden Maßnahmen der Schule. Das hat eine gewisse Plausibilität. Gleichwohl muss kritisch angemerkt werden, dass dabei nicht von der Sinnhaftigkeit des Bewegens selbst ausgegangen wird, sondern von zweckhaften Verhaltensinterventionen. So können die Daten über lange Sitzzeiten oder Zeiten über Mediennutzung nicht den Sinn des Bewegungshandelns evozieren oder gar setzen, dieser kann nur im Bewegungshandeln selbst durch sinnliches Wahrnehmen in der Situation erfahren werden (▸ Kap. 1). Gesundheitsfördernde Konzepte haben insofern immer den Nachteil, dass sie nicht von der erlebten Bewegung ausgehen, sondern vom gemessenen Defizit im Verhalten von Kindern und Jugendlichen.

Sportergänzende Bewegungserziehung

Die Bewegungserziehung ist ein seit vielen Jahren konzeptionell bis zur Praxis durchdachter Ansatz des Grundschulunterrichts und der frühkindlichen Bildung (vgl. Zimmer, 1990; 2010; Ehni, 1990; Hildebrandt, 1993; Kuhn, 2009; Probst, 2013). Er basiert auf einem anthropologischen und entwicklungstheoretischen Fundament zur Bedeutung von Bewegung: Kinder müssen sich bewegen, um eine gesunde kognitive, emotionale, soziale und körperlich-motorische Entwicklung zu ermöglichen. Gibt es Einschränkungen im Bewegungsleben der Kinder, so sind Beeinträchtigungen, Auffälligkeiten bis hin zu Störungen in der Entwicklung zu erwarten. Insofern ist die Bewegungserziehung eine fachliche und überfachliche Aufgabe der Schule.

In diesem Kontext hat Christina Müller für Sachsen ein Konzept mit praktischen Anleitungen für die Bewegte Schule von der Grundschule bis zur gymnasialen Oberstufe entwickelt und empirisch untersucht (Müller, 2010; Müller & Petzold, 2002; 2006; ► Kap. 3.2)[5]. Es geht um eine Bewegungserziehung parallel zum Schulsport, die diesen erweitern oder neue Impulse geben soll. Damit wird die bei anderen Autoren beschriebene umfassende Bewegungserziehung (vgl. Ehni, 1990; Hildebrandt, 1993; Zimmer, 1990; 2010; Bartnitzky, 2009, S. 702 ff.) auf eine das Fach Sport *ergänzende Konzeption* zugeschnitten. Das sächsische Konzept konzentriert sich auf praktische Handlungsanleitungen für Aktivitäten außerhalb des Sportunterrichts, mit deren Hilfe die kognitiven Fächer, Pausen und das Schulleben bewegter gestaltet werden sollen. Die Bewegungserziehung ist in diesem Sinne der Sozialerziehung vergleichbar (vgl. Müller, 2010, S. 36), sie wird mit Bezug auf Grupe (1982) anthropologisch und entwicklungstheoretisch begründet und kann damit von der kompensatorischen Gesundheitserziehung unterschieden werden. Die Bewegungserziehung soll verschiedene Bedeutungsaspekte der Bewegung für die menschliche Entwicklung im Rahmen des schulischen Lernens und Lebens in besonderer Weise fördern und zur Geltung bringen (Wahrnehmung, Erfahrung, Erleben, Entwicklung, Lernen). Hierdurch wird erwartet, dass sich beispielsweise die Leistungen der Kinder in der Grundschule in den kognitiven Fächern ebenso verbessern wie in der motorischen Fähigkeit.

Der sächsische Ansatz bezieht sich auf die Handlungsfelder »Bewegtes Schulleben«, »Bewegte Pausen« und »Bewegter Unterricht«, die mit dem Schulsport korrespondieren (Müller, 2010, S. 225). Der Schulsport bildet nach Müller als dreistündiger Sportunterricht das Fundament der Bewegten Schule. Die Begründung für die Gegenüberstellung von Bewegter Schule und Schulsport wird darin gesehen, dass im Fach Sport eine über die Bewegungserziehung hinausgehende Hinführung zum sportlichen Können mit den im Sport üblichen Sinngebungen und methodischen und organisatori-

5 http://www.bewegte-schule-und-kita.de/konzept/bewegteSchule/deu tsch/¬html/konzept.html

schen Formen erfolgt. In diesem Verständnis von Sportunterricht zeigen sich beispielsweise Unterschiede zur »handlungsorientierten Sporterziehung« mit einem »wahrnehmungsbezogenen Bewegungshandeln« im Konzept der Gesundheitsförderung (vgl. Abschnitt »Kompensatorische Gesundheitserziehung«), da dieser hier nicht als Gegenüber der Bewegten Schule gesehen wird, sondern als integrativer Teil.

Diese Unterscheidung bei Müller ist nur möglich, weil keine gemeinsame bewegungstheoretische Grundlage für die Bewegungserziehung und den Schulsport entwickelt worden ist. So erscheint die Bewegungserziehung als unspezifisches, die allgemeine Entwicklung betreffendes Bewegen, während der Sport die geformte sportlich orientierte Bewegung meint. Hier ließe sich jeweils die Frage nach dem bewegungstheoretischen Verständnis stellen. Würde etwa ein dialogisches Verständnis zugrunde gelegt werden, gäbe es die Gegenüberstellung von Schulsport und Bewegungserziehung nicht, vielmehr wäre »Bewegung« die gemeinsame Basis von Schulsport *und* Bewegungserziehung in einer Bewegten Schule. Im Konzept von Müller (2010) werden dagegen die gemeinsamen theoretischen Bezüge zwischen »Sport« und »Bewegung« verdeckt gehalten bzw. dem Sport ein »mechanistisches« Bewegungsverständnis zugeschrieben (▸ Kap. 1).

Die handlungsanleitende Praxiskonzeption umfasst zahlreiche Übungs- und Spielangebote für die Teilbereiche »Bewegter Unterricht«, »Bewegte Pause« und »Bewegtes Schulleben«, wobei der Schwerpunkt auf Übungen und Spiele zum bewegten Unterricht im Klassenunterricht liegt (Müller, 2010, S. 50). Die Spiele und Übungen können von der Lehrkraft im Unterricht, in der Pause oder im Schulleben bei Festen, Spielnachmittagen, Wandertagen, Klassenfahrten usw. eingesetzt werden. Die sehr umfänglich zusammengetragenen und erprobten Spiel- und Übungsanregungen sollen den Unterricht bewegungsreicher gestalten. Hier finden Lehrerinnen und Lehrer Anregungen zum bewegten Lernen, zum dynamischen Sitzen, zu Auflockerungsminuten, zu Entspannungsphasen, zur täglichen Bewegungszeit und zu Projekten. Die Arbeitsgruppe von Christina Müller hat nahezu für alle Fächer der Schule und für alle Altersstufen bis zur Oberstufe Übungen, Spiel- und Lernideen für den Fachunterricht entwickelt. Dabei bleibt allerdings ungeklärt, inwiefern es sich bei den Bewegungs- und Spielanregungen zum *fachlichen* Lernen auch tatsächlich um fachlich sinnvolle Verknüpfungen handelt und sich der Lerngegenstand in seiner Problemhaltigkeit auf diese Weise und im bildungstheoretischen Sinn dem Lernenden besser als im unbewegten Unterricht erschließt bzw. vom Lernenden besser erschlossen werden kann. Es wird in den Studien von Müller und Petzold (2002) lediglich gemessen, ob besser gelernt worden ist und nicht, ob die Bewegungsübung ein sinnvolles Lernen unterstützt hat. Die sächsische Konzeption ist als Bewegungserziehung für die Grundschule gestartet und schließlich, ergänzt durch einige stufenspezifische Hinweise, auf die Sekundarstufe I und II (Müller & Petzold, 2006) ausgedehnt worden.

Bewegung im Schulprogramm

Schulprogramme sind als administratives Steuerungsinstrument zur Schulentwicklung in den 1990er Jahren eingeführt worden. Die dritte Konzeption zur Bewegten Schule muss in diesen Kontext eingeordnet werden. Bewegung wird als profilbildend im Rahmen der Schulprogrammarbeit verstanden (vgl. Stibbe, 2004). Dabei geht es um Bewegung als Beitrag zur Förderung der Entwicklung von Kindern und Jugendlichen sowie zur Initiierung von erfahrungs- und handlungsorientiertem Lernen, aber in dem Sinne, dass *Bewegung* in den verschiedenen Handlungsfeldern der Schule als »*Programm der Schule*« sichtbar wird. In diesem Sinne hat Rüdiger Klupsch-Sahlmann (1995, 1999) erstmals 1995, in Anlehnung an das »Haus des Lernens« der nordrhein-westfälische Schulprogrammdiskussion (vgl. Bildungskommission NRW, 1995), das Haus der Bewegten Schule entwickelt.

Das Fundament besteht aus zwei schulpädagogisch bedeutsamen Elementen, die jeweils in enger Beziehung zur Bewegung stehen: »Bewegung und Entwicklung« sowie »Bewegung und Lernen«. Bewegung wird insofern als wesentlich für die Entwicklung des Kindes bestimmt. Dabei lehnt sich Klupsch-Sahlmann (1995, S. 15; 1999, S. 13) an interaktionistische Entwicklungs- und dialogische Bewegungstheorien an (vgl. Piaget, 1974; Tamboer, 1979; Trebels, 1992). Kinder erschließen sich ihren Lebensraum über Bewegung, sie brauchen im Grundschulalter und als Jugendliche Gelegenheiten, um die verschiedenen Bedeutungen und Funktionen von Bewegung (personale, explorative, produktive und kommunikative Funktion) in Erfahrung zu bringen (vgl. Scherler, 1975; Zimmer, 1990). Die Möglichkeiten dazu bieten sich in der Klassenraumnutzung als Bewegungsraum, in Bewegungspausen im Unterricht, im Spüren von Stille, in themenbezogenen Bewegungsangeboten im Unterricht, im Sport- und Bewegungsunterricht, in den Pausen und in außerunterrichtlichen Angeboten. Diese Bausteine, einschließlich des Sport- und Bewegungsunterrichts, sollen mit unterschiedlicher standortspezifischer Gewichtung und Ausprägung in das Programm einer jeden Schule aufgenommen werden. Schulprogramme sind Profile, die die Schulen selbst entwickeln und sich als Auftrag aufgeben. Das Profil »Bewegte Schule« soll dafür sorgen, dass *Bewegung* im Schulprogramm verankert ist. Hier geht es um die grundlegende Einbeziehung von Bewegung in den Prozess der Schulentwicklung.

Das Schulprogramm bildet die sicheren Seitenwände des Hauses, in dem die *Bausteine* als bewegungsorientierte »Räume« angeordnet sind. Das Schulleben macht schließlich das Dach des bewegten Schulhauses aus. Im Haus der Bewegten Schule werden nicht nur Bewegungen selbst gelernt (wie im Sportunterricht), sondern gelernt wird auch *über* Bewegung. Bewegung wird in diesem Ansatz als unabdingbare Notwendigkeit für die Aneignung von Welt verstanden. In Anlehnung an das dialogische Bewegungskonzept und die Lerntheorie von Bruner (1974) wird ein handlungsorientiertes Lern- und Erfahrungskonzept vertreten. Im handelnden Lernen hat Bewegung eine besondere Bedeutung für die Erschließung der Welt und zielt auf das tiefere Verstehen von Zusammenhängen. Die »Sache« wird im Klassenraumunterricht überall dort, wo es möglich ist, über Bewegung vermittelt.

Das Haus der Bewegten Schule verfolgt eine Entwicklungs- und Lernförderung im Kontext eines profilierten Schulprogramms. Damit geht dieses Konzept über die bisherigen Konzepte hinaus. Es sieht nicht nur die Aufgaben der Kompensation, Entwicklungs- und Lernförderung, sondern auch und vor allem die Verankerung von Bewegung in einem Schulprogramm zur Steuerung und Profilierung der Schule als Bewegte Schule. So sind die Bezüge zur Veränderung der Lebenswelt und des Sports, zum bewegten Lernen im Klassenraum und zur Entwicklungsförderung und Gesundheitserziehung in schulpädagogische Theorieansätze eingebunden.

Die Schulprogrammarbeit hat in den letzten Jahren eine erhebliche Stärkung durch Maßnahmen zur Qualitätssicherung von Schule gewonnen (vgl. Balz & Stibbe, 2003; Stibbe, 2004; Fessler & Stibbe, 2011). Aschebrock (2013, S. 148) stellt vier zentrale Handlungsfelder der Schulprogrammarbeit heraus: »Unterricht in anderen Fächern«, »außerunterrichtliche Angebote«, »Schulraum« und »Schulorganisation«. Diese Felder werden von »Entwicklungen in der Bewegungs-, Spiel- und Sportkultur« einerseits und den Möglichkeiten zur »Kooperation mit außerschulischen Partnern« andererseits flankiert. Diese Felder unterliegen der Steuerung und Evaluation zwischen Schulprogramm/Schulkultur und Schulsport-/Ganztagskonzept. Hier wird deutlich, dass die Schulprogrammarbeit eine andere Perspektive für die Entwicklung einer bewegungsorientierten Schule entwirft, als dies in den ersten beiden Konzepten der Fall ist. Während dort die Kompensation und kindgemäße Bewegungserziehung zur Entwicklungs- und Lernförderung als Ausgangspunkt gewählt wird, ist es in der Schulprogrammarbeit die Schulentwicklungsperspektive, die den Kindern und Jugendlichen mehr Bewegungsmöglichkeiten eröffnen soll.

Auf der Grundlage einer Analyse schulprogrammatischer Konzepte zu Bewegung, Spiel und Sport unterscheidet Stibbe (2004, S. 221 ff.) eine *Sportschule*, die intensive Kooperationen mit Vereinen und leistungssportliche Interessen verfolgt, eine *Motorikschule*, die auf die Kompensation mangelnder Bewegung setzt, eine *Bewegungsraumschule*, die Bewegung als Erfahrungs- und Strukturierungsmöglichkeit in die Schule implementiert, und eine *Bewegungslebensschule*, die zur Kompensation lebensweltlicher Einschränkungen viele individuelle

Bewegungsanlässe im Schulleben und im Sportunterricht anbietet. Diese Konzepte sind alle mehr oder weniger im Schulprogramm verankert, sie beanspruchen aber dennoch für sich, Einfluss auf die Schulentwicklung nehmen zu wollen. Im Kontext einer kriteriengeleiteten Evaluation von Schulqualität dürften diese Konzepte wohl nur zum Teil den Anspruch einer Bewegten Schule aufgrund zu geringer Reichweiten im Schulkonzept, unzureichender Qualität der Sport- und Bewegungsangebote oder fehlender Nachhaltigkeit durch isolierte Initiativen und Aktionen erfüllen. Es bleibt also offen, inwieweit die schulprogrammatischen Bewegungs-, Sport- und Motorikkonzepte tatsächlich in der Schulentwicklung im Sinne eines gemeinsamen Leitbildes konstruktiv und nachhaltig verankert werden können. Dies hängt maßgeblich mit dem Verständnis von bewegungsorientierter Schulentwicklung zusammen (▸ Kap. 4). Die Schulprogrammarbeit mit der Steuerung und Evaluation von Schulqualität muss klären, wie es gelingen kann, das additive Nebeneinander von Elementen, Aspekten oder Bausteinen zugunsten eines integrativen Miteinanders aufzulösen. Vor allem aber muss geklärt werden, inwieweit es überhaupt über die Schulprogrammarbeit gelingen kann, Bewegung bei allen Beteiligten im System Schule so zu verankern, dass eine bewegungsorientierte Schulkultur entstehen kann.

Bewegte Schulkultur

Als Überschreitung der vor allem administrativ veranlassten Schulprogrammarbeit (vgl. Rauschenberger, 1999, S. 120) kann die Argumentationslinie zur Entwicklung einer Schulkultur angesehen werden. Aus der Erkenntnis heraus, dass allein das Schreiben eines Schulprogramms und das Ausweisen eines bewegten Schulprofils noch nicht dazu führt, Bewegung als selbstverständliches Grundprinzip im Schulalltag zu etablieren, muss danach gefragt werden, inwiefern Bewegung überhaupt zur Kultur einer Schule gehört. Eine pädagogische Kultur bildet den Kontext, in dem das Einzelne – die einzelnen Funktionen und Aktivitäten einer Schule – seinen Sinn erst gewinnt (vgl. Fauser,

1989). Hier wird das Spezifische des Kulturbegriffs für den schulischen Kontext sichtbar: Kultur ist nicht gegeben, sie wird auch nicht allein tradiert, sondern sie wird immer durch die in dem jeweiligen Lebensraum handelnden und sich bewegenden Menschen neu geschaffen und gestaltet. Schulhofspiele, Bewegungsanlässe im Schulgelände, Tobe- und Ruheräume im Schulhaus, Bewegungs- und Sportfeste, bewegtes Lernen, rhythmisierter Schulalltag, bewegter Sportunterricht oder auch bewegtes Sitzen sind nicht an sich schon so etwas wie eine bewegte Schulkultur, sondern sie gewinnen erst im Kontext des Handelns schulischer Akteure ihren Sinn. Darin kommt der für eine Schule je typische Umgang mit Körperlichkeit und Bewegung zum Ausdruck.

Ausgangspunkt dieser Position ist ein grundsätzlicher Perspektivenwechsel im Verständnis von Schulentwicklung. Der Wandel lässt sich als Weg von der Struktur zur Kultur beschreiben (vgl. Terhart, 1994, S. 689). Die Wiederaufnahme des Kulturbegriffs in die schulpädagogische Diskussion beinhaltet die Suche nach einem »Gegenbegriff gegen die Aufspaltung und Spezialisierung« (Duncker, 1992, S. 31), so dass die kulturelle Wende der Pädagogik (vgl. Liebau, 1992, S. 142) im Kontext der Modernisierung heutiger Lebenswelt von Kindern und Jugendlichen zu sehen ist. Schule wird in diesem Verständnis zunehmend zu einem Ort kultureller Begegnung und Auseinandersetzung mit dem Anderen des Anderen, auch hinsichtlich von Körperlichkeit und Bewegung.

Vor diesem Hintergrund muss die Spezialisierung und Aufspaltung in Kopf- und Körperarbeit, also Stillsitzunterricht im Klassenraum auf der einen und körperliche Kompensation im Sportunterricht auf der anderen Seite kritisch reflektiert werden. Die Forderung nach mehr Bewegungsorientierung von Schule zielt auf ein innovatives Konzept, das Antworten auf veränderte Lebens- und Lernverhältnisse und ein anderes Verständnis von Schule als Lebens- und Lernort geben will. Eine pädagogische Orientierung am Kulturbegriff geht auf das seit den 1990er Jahren zu beobachtende aufsteigende Interesse an kulturellen Angeboten zurück. Liebau (1992) stellt in seiner Analyse heraus, dass dieses Interesse mit dem Verlust an

Partizipation in gesellschaftlichen wie individuellen Teilbereichen zu tun hat. Dies scheint in dem Bedürfnis »nach Identität und authentischer Erfahrung [...], nach Wichtigkeit, Spürbarkeit, Leiblichkeit, nach Selbstbestimmung von Zeiten und Orten des Lebens, nach Aufmerksamkeit für sich, andere und die gemeinsame Situation« auf (Liebau, 1986, S. 75). Dabei geht es nicht um kulturellen Konsum, sondern um die Beteiligung und Herstellung an und von kultureller Identität. Die Bewegte Schule ermöglicht in diesem Verständnis die Beteiligung an der Gestaltung der schulischen Bewegungs- und Körperkultur. Insofern geht es in dieser Konzeption nicht darum, möglichst viele neue oder bekannte Formen der Sport- und Bewegungskultur in der Schule als je für sich begrenzte Aktionsfelder zu etablieren, sondern darum, Raum und Zeit zu geben, in denen eine bewegungsorientierte Kultur entstehen kann. Hierfür stehen prinzipiell alle Räume, Zeiten und Bereiche der Schule vom Unterricht, über Pausen, schulische Freizeiten bis zu außerunterrichtlichen Bewegungs- und Sportangeboten zur Verfügung.

Die Schulkultur könnte unter der Bewegungsperspektive darauf hin befragt und analysiert werden, wie Schule die Schülerinnen und Schüler entwicklungsangemessen an der Schaffung von Bewegungsanlässen im außerunterrichtlichen Bereich sowohl in den Pausen als auch in AGs mitwirken lässt, wie sie sich im Fachunterricht die Lerngegenstände auch über und in Bewegung aneignen und ihr eigenes Lernen im Klassenraum bewegt einrichten können und wie das Schulleben vom Schulweg bis zur Raum- und Zeitgestaltung des Schultages bewegungsfreundlich gestaltet werden kann. Befragt und analysiert werden kann eine bewegte Schulkultur auch daraufhin, ob im Sport- und Bewegungsunterricht die Partizipation an der Gestaltung der Bewegungsthemen möglich ist, ob die außerschulische Bewegungs- und Sportkultur im Sportunterricht Berücksichtigung findet und ob die sportunterrichtlichen Aktivitäten in die Gestaltung des Schullebens wie umgekehrt außerunterrichtliche Bewegungsaktivitäten in den Sportunterricht hineinwirken können.

Hildebrandt-Stramann (1999) nimmt die Argumentation und Begrifflichkeit zur pädagogischen Schulkultur auf und führt sie konsequent in die bewegungsorientierte Schulentwicklung ein. Am Beispiel einer Einzelschule hat er zur Realisierung einer bewegten Schulkultur sieben Teilprojekte zu einer Projektlandkarte verbunden und praxisnah im Sinne kultureller Teilhabe entwickelt. Dazu gehören zahlreiche Beispiele für die Bearbeitung von Körper- und Haltungsthemen in unterschiedlichen unterrichtlichen Zusammenhängen, Beispiele zum bewegten Lernen im Fachunterricht von Mathematik und Sachunterricht sowie vor allem zum bewegten Sportunterricht im Sinne einer erfahrungsorientierten Bewegungserziehung als integrativen Teil der Bewegten Schule. Das Beispiel kann als ein Versuch verstanden werden, die Schule über eine Reihe von partizipativ orientierten Teilprojekten als bewegte Schulkultur zu definieren (vgl. ebd.). Eine so verstandene bewegte Schulkultur ist immer auch mit einem Bildungsanspruch verbunden, der die biographisch imprägnierte Körper- und Bewegungskultur der Schülerinnen und Schüler zum Ausgangspunkt nimmt.

Der neuere Diskurs zur Schulkultur geht jedoch weit über diese Auslegung hinaus. Er wendet sich vor allem gegen normativ orientierte Konzepte zur Schulkultur, wie sie etwa von Holtappels (1995) als Lern-, Erziehungs- und Organisationskultur im Kontext der Qualitätsentwicklung definiert und empirisch gemessen wird, um zu zeigen, in welchen separierten schulischen Bereichen die Kultur gut entwickelt ist und wo noch »keine Kultur« vorliegt. In kritischer Haltung zu einer *normativen* Auslegung arbeitet Helsper (2008a) eine *analytische* Perspektive von Schulkultur für die Schulentwicklung heraus, die jenseits normativer Konzepte einzuordnen ist. Im Kern der Kritik geht es darum, deutlich zu machen, dass nicht zwischen »Kultur« und »Nicht-Kultur« unterschieden werden kann, da Schule selbst ein »kultureller Ort« zur Kulturaneignung (Fauser, 1989) ist. Dies lässt sich schon daran zeigen, dass Schule ganz selbstverständlich mit kulturellen Formen der Weltbegegnung in Schriftlichkeit, im Sammeln und Sortieren und in Weltbildern arbeitet (vgl. Duncker, 1994, S. 93) – und das völlig unabhängig von Qualitätskriterien. Insofern wird Schule »selbst als ein gestalteter, gestaltbarer und gestaltender Ort der Kultur« (ebd., S. 238) verstanden. Diese pädagogische

Auslegung versteht Kultur als Ausdruck gemeinsam gestalteter und mit Sinn versehener Praktiken und geteilter Symbole. Kultur ist in diesem Sinne ein vermittelnder Begriff: In sie wird nicht nur eingeführt, sondern sie entsteht durch den Umgang mit dem Bestehenden immer wieder neu.

Die sich hier andeutende analytische Sicht von Schulkultur geht auf Arbeiten von Helsper u. a. (1998; auch Helsper, 2000; 2008a, b) zurück. Sie haben aus strukturtheoretischer Perspektive die Praktiken und Umgangsformen schulischer Akteure rekonstruiert und eine Dimensionierung der Schulkultur in *Leistung, Inhalte, pädagogische Orientierungen* und *Partizipationsformen* vorgenommen. Auf diese Weise ist eine kritische Reflexionsfolie von Schule entstanden. Als normative Kategorie ist der Begriff der Schulkultur ideologisch aufgeladen und damit als schul*theoretische* und *-analytische* Kategorie zur Reflexion von Schule ungeeignet. Die empirisch rekonstruierten vier Dimensionen beschreiben dagegen eine Perspektive, mit der die schulischen Praktiken als »Ausdrucksgestaltung einer Schulkultur verstanden werden müssen, die durch das kollektive Handeln der schulischen Akteure generiert und durch die jeweiligen Strukturprobleme und Sinnstrukturen der Schule strukturiert werden« (Helsper u. a., 1998, S. 53).

Hildebrandt-Stramann (2007a, S. 15 ff.) hat in Erweiterung seiner bisherigen Arbeiten diese vier analytischen Dimensionen als Reflexionsfolie zur Entwicklung einer bewegten Schulkultur ausgelegt. Dabei verbindet er allgemeine Bildungsaufgaben der Schule mit der körperlichen Erfahrungsmöglichkeit des Sich-Bewegens. Die *Leistungsdimension* muss im Sinne von Selbstbildungskompetenz dahingehend entwickelt werden, dass Schülerinnen und Schüler im Alltag der Schule und im Bewegungs- und Sportunterricht Bewegungsgelegenheiten und Bewegungsangebote erhalten, die sie in die Lage versetzen, ihre körperlichen Möglichkeiten im Bewegen zu entwickeln und einschätzen zu lernen. Es geht um die Dimension sinnlich-leiblicher Bewegungserfahrung als *Leistung* des Subjekts. Die Dimension der *pädagogischen Orientierung* fragt nach dem erziehlichen Milieu (vgl. Funke-Wieneke, 2010) zur selbsttätigen sowie selbst- und mitbestimmten Möglichkeit sich im schulischen Kontext (Schulleben, Unterricht im Klassenraum, Bewegungs- und Sportunterricht) zu bewegen, Sport zu treiben und sich dabei der Unterstützung von Schule und Unterricht sicher sein zu können. Es geht um die Bedingung der Möglichkeit grundlegender sinnlich-leiblicher Erfahrungen in Schule und Unterricht. In der Dimension *Inhalte* des Unterrichts stellt sich die Frage, wie fachliches Lernen im unterrichtlichen und außerunterrichtlichen Bereich der Schule verstanden wird und welche Zugänge zur Welterschließung über Bewegung und in Bewegung zur Entwicklung eines Bewegungskönnens ermöglicht werden. Bewegungslernen und Lernen über und mit Bewegung sind über sinnlich-leibliche Erfahrungsprozesse grundiert, sie haben Anspruch auf Entfaltung durch Unterricht und Lernen im Kontext der gesamten Schule. Schließlich zeigt sich in der Dimension *Partizipation* der je gefundene Umgang mit den Antinomien der Schule. Einerseits besteht für die Schülerinnen und Schüler die Pflicht zur Teilnahme, andererseits sollen sie mitgestalten und ihre eigenen Vorstellungen zur Geltung bringen können. Gerade die Bewegte Schule vermag Spielräume zur Mitwirkung an der Gestaltung von schulischen (Bewegungs-)Räumen zu eröffnen. Eine solche Schülerpartizipation setzt aber eine Partizipationskultur von Lehrkräften und Schulleitung im Rahmen der Gremien voraus.

So verstanden geht es nicht um eine Schulkultur, die möglichst viele interessante Bewegungsaktivitäten zu bieten hat und sich insofern zu anderen Schulen distinkt verhält, sondern um die Entwicklung einer Bewegungsorientierung durch eine reflektierte Zusammenarbeit in der Schulentwicklung unter Mitwirkung aller an Schule Beteiligten. Diese Auffassung von bewegungsorientierter Schulkultur grenzt sich vor allem gegen die kompensatorischen und rein gesundheitsorientierten Konzepte ab. Sie tut dies nicht, weil in der Schule Kompensation überflüssig wäre, sondern weil Schule zu allererst einen Erziehungs- und Bildungsauftrag hat, der die Entwicklungsmöglichkeiten von Kindern und Jugendlichen fördern soll. Vor diesem Hintergrund wird dann die Selbstthematisierung der eigenen Bewegung und Haltung im Interesse einer gesunden Entwicklung bedeutsam. Mit dieser schulpädagogischen Perspektive gewinnt die Bewegte Schule im Kontext von Schulentwicklung eine eigenständige Bedeutungsdimension – sie darf nicht als »Dienstleistung« zur Behebung von schulischen und gesellschaftlichen Problembereichen missverstanden werden.

Fazit: Mit Bewegung Schule entwickeln

Die unterschiedlichen Begründungen zur Bewegten Schule argumentieren übereinstimmend, dass Körperlichkeit und Bewegung bisher nicht hinreichend im Rahmen von Schulentwicklung berücksichtigt werden und daher eigene Initiativen, Konzepte und Bausteine erforderlich sind, die in den Prozess der Schulentwicklung und -gestaltung einfließen müssen. Die in den Konzepten jeweils dargelegte theoretische Grundlegung zeigt, dass Bewegung im schulischen Kontext unaustauschbare Lern-, Erziehungs- und Bildungspotenziale enthält, die deutlich machen, warum in der Schule oder auch anderen pädagogischen Einrichtungen weder eine Bewegungserziehung oder das Fach Sportunterricht noch die außerunterrichtlichen Bewegungsangebote und schon gar nicht die fundamentale Beteiligung von Bewegung am schulischen Leben und beim Lernen im Klassenunterricht verzichtbar oder gar ersetzbar sind. Keine andere pädagogische Institution – auch nicht die Sportvereine – und kein anderes schulisches Fach bieten diese reflexiven körper- und bewegungsbezogenen Lern-, Erziehungs- und Bildungsmöglichkeiten an. Die Schule wird in der argumentativen Abfolge der dargestellten Konzepte zunehmend als integrativ gedachtes Konzept für ein bewegtes Haus des Lernens, Lebens und Sich-Bildens dargestellt, in dem ein bewegtes Schulleben, ein bewegter Klassenunterricht, ein bewegter Schulsport mit AGs und Pausenangeboten und ein bewegter Sportunterricht auf einer gemeinsam gestalteten bewegungsorientierten Schulkultur fußt. Eine Realisierung mit Verweis auf die Unersetzbarkeit von Körperlichkeit und Bewegung ist dennoch kein Selbstläufer. Sie muss in die Prozesse der Schulentwicklung als Ganzes eingebunden werden, um Anschlüsse an die allgemeine Schulentwicklung zu eröffnen und ihr Potenzial dort als eigenständigen Beitrag einfließen zu lassen.

3.2 Forschungen zur Bewegten Schule

Die konzeptionelle Entwicklungsarbeit ist seit der Jahrtausendwende in Deutschland weitgehend abgeschlossen. Mittlerweile liegen in einem kleineren Umfang empirische Studien vor, die einen Einblick in die Realisierung der Bewegten Schule geben (im Überblick Zimmer & Martzy, 2008; Kuhn, 2009, S. 80 ff.; Balz, 2011, S. 185 ff.). Neben Forschungen zur Wirksamkeit einzelner Bausteine auf die motorische Leistungsfähigkeit sowie Selbst- und Sozialkompetenz (vgl. Müller & Petzold, 2002; Ungerer-Röhrich & Beckmann, 2002) liegen Studien zur Verbreitung und Akzeptanz der Bewegten Schule als Konzeption bei Schulleitungen und Lehrkräften (vgl. Thiel, Teubert & Kleindienst-Cachay, 2006; Regensburger Projektgruppe, 2001; Wuppertaler Arbeitsgruppe, 2008), speziell auch zur Entwicklung einer bewegungsorientierten Schulkultur (vgl. Hildebrandt-Stramann, 2003; Braunschweiger Arbeitsgruppe, 2007) vor. Andere Studien befassen sich mit Kindervorstellungen einer Bewegten Schule (vgl. Kuhn, 2007; Müller & Petzold, 2002), mit der Schulhofnutzung und -gestaltung (vgl. Derecik, 2011; 2015) und vor allem mit der Förderung des Lernens in den kognitiven Unterrichtsfächern (vgl. Müller & Petzold, 2002; Warmser & Leyk, 2002; 2003; Dordel & Breithecker, 2003; Fessler, Stibbe & Haberer, 2008; Leitner & Kainberger, 2015). Die Kernaussagen dieser Studien lassen sich stark komprimiert in vier Punkten wiedergeben:

1. In einer Längsschnittstudie mit Kontrollgruppenanordnung evaluieren Müller und Petzold (2002) ihr Konzept der Bewegten Schule (sportergänzende Bewegungserziehung) unter der Perspektive mög-

licher Wirkungen des bewegten Lernens. Als Methoden kommen Testverfahren und Lehrereinschätzungen zum Sozialverhalten ihrer Schülerinnen und Schüler zum Einsatz. Im Vergleich zur Kontrollgruppe weisen die Lernenden der Untersuchungsgruppe eine stärkere Verbesserung im koordinativen Bereich, eine bessere Konzentration und damit auch eine bessere Arbeitsgeschwindigkeit sowie ein besseres subjektives Befinden auf. Zudem zeigen die Schülerinnen und Schüler im Verlauf des Längsschnitts eine Verbesserung des Sozialverhaltens. Auch andere Studien (vgl. Dordel & Breithecker, 2003; Warmser & Leyk, 2002; 2003) kommen zu dem Ergebnis, dass Bewegungspausen und Bewegungsübungen im Klassenunterricht der Grundschule zu einer Verbesserung der Konzentrationsfähigkeit und Aufmerksamkeit führen. Bereits moderate Bewegungsaktivitäten führen zu einer Steigerung der Sauerstoffversorgung im Gehirn, erhöhen die Lernbereitschafft und helfen, Störungen im Unterricht abzubauen. Ganz anders dagegen die Ergebnisse von Worth (2004) sowie Fessler, Stibbe und Haberer (2008), die die Effekte einer Bewegungsaktivierung für das konzentrierte und aufmerksame Lernen nach eigenen Studien eher als gering einschätzen. Vor allem weisen Fessler, Stibbe und Haberer (2008) in ihrer Replikationsstudie von Dordel und Breithecker (2003) auf ein forschungsmethodisches Defizit hin, weil das recht komplexe Konstrukt »Aufmerksamkeit und Konzentration« bisher mit den verfügbaren Instrumenten nur schwer zu erfassen und somit das Ergebnis schwer zu interpretieren ist. Ein ebenso wichtiger Hinweis bezieht sich auf den inhaltlichen Kontext der Lernsituation. Es ist für ein aufmerksames und konzentriertes Lernen nicht unbedeutend, »ob das bewegte Lernen zu einer grundsätzlichen Reformierung des Unterrichts führt, oder ob es gängige Unterrichtsroutinen nur gelegentlich aufzubrechen vermag« (Fessler, Stibbe & Haberer, 2008, S. 255). Dies kann gestützt werden durch die Studie von Krause-Sauerwein (2014, S. 234 ff.), die den Lehrerinterviews entnimmt, dass Lehrkräfte bewegtes Lernen vor allem mit Bewegungspausen verbinden und das kognitive Potenzial der Bewegung für das inhaltserschließende Lernen noch nicht nutzen bzw. die fachlichen Möglichkeiten noch nicht erkannt haben. Müller und Petzold (2002, S. 94) stellen für ihr Projekt dennoch fest: »Zusätzliche Bewegungsaktivitäten sind keine verlorene Zeit für das kognitive Lernen, denn an den bewegten Grundschulen werden [...] weitgehend ähnliche Leistungen wie an den Kontrollschulen erreicht.«

2. In vielen Studien wird der Frage nach der Wirksamkeit eines bewegten Unterrichts auf die Motorik, das Sozialverhalten und das Selbstkonzept nachgegangen. In der Studie von Müller und Petzold (2002) können positive Effekte für die Bewegungskoordination, Befindlichkeit, Schulleistungen und das Sozialverhalten nachgewiesen werden. Erwähnt werden ausdrücklich die Verbesserung der Ballgeschicklichkeit, Zielgenauigkeit, Gewandtheit und weitere motorische Fähigkeiten sowie die räumliche Orientierung. Dagegen können keine Verbesserungen in den konditionellen Fähigkeiten festgestellt werden. Auch in der Studie von Ungerer-Röhrich und Beckmann (2002) wird die Verbesserung der motorischen Fähigkeiten und des Sozialverhaltens bestätigt. Die schon etwas länger zurückliegende Studie von Breithecker (1996) zu den Effekten eines bewegten Sitzens und zu Entlastungs- und Bewegungspausen zeigt signifikante Verbesserungen in der Köperkoordination und der Hüftbeugung gegenüber einer Kontrollgruppe. Aber auch hier ist die Forschungslage uneinheitlich. So kann Worth (2004) bezogen auf motorische Verbesserungen keine Effekte nachweisen. Die geringen oder ausbleibenden Effekte in einzelnen Einflussbereichen der Motorik haben auch mit zu geringen Laufzeiten der Interventionsmaßnahmen zu tun (vgl. Worth, 2004, S. 232). Maßnahmen zur Bewegten Schule müssen langfristig angelegt werden.
3. Um die Differenz zwischen sportpädagogischem Anspruch und schulischer Wirklichkeit der Bewegten Schule geht es der Regensburger Projektgruppe (2001). Die Schulrealität wird aus der Schülerperspektive mittels Gruppendiskussion, aus der Lehrerperspektive mit Hilfe eines Leitfadeninterviews sowie »von außen« mittels Beobachtung erhoben. Die Studie zeigt, dass es in verschiedenen

Elementen der Bewegten Schule mehr oder weniger große Differenzen zwischen Anspruch und Wirklichkeit an den untersuchten Schulen gibt, die auch von der Schulstufe abhängen. Neben der Erhebung der Differenz werden in diesem Projekt auch Interventionen zur Unterstützung der Schulen vorgeschlagen (vgl. Regensburger Projektgruppe, 2001, S. 183 ff.), an denen Projektmitarbeiterinnen und -mitarbeiter mitgewirkt haben. Dabei nennen die Autoren als mögliche Widerstände oder Einwände gegen die Intervention u. a. ein fehlendes Problembewusstsein bei den von der Schulpraxis betroffenen Lehrkräften sowie »Kompetenzprobleme« zwischen Praktikern und Wissenschaftlern. Die Regensburger Projektgruppe (ebd., S. 188) kommt zu dem Resümee, »dass sich an den untersuchten Schulen insgesamt noch sehr wenig bewegt und trotz einer gewissen Aufgeschlossenheit für die Thematik kaum Initiative ergriffen wird«. Zudem stellen die Autoren fest, dass die Realisierung von Bausteinen der Bewegten Schule offenbar in den weiterführenden Schulen weit weniger gelingt als in der Grundschule.

In der Studie von Thiel, Teubert und Kleindienst-Cachay (2006) sind Grundschulen in Bielefeld und Porta Westfalica in einem quantitativ-empirischen Design untersucht worden. Die Autoren kommen nach der Auswertung zu dem Schluss, dass es zwischen pädagogischem Anspruch und schulischer Wirklichkeit an den untersuchten Schulen kaum noch Differenzen gibt (vgl. Thiel, Teubert & Kleindienst-Cachay, 2006, S. 161). Untersucht worden ist, wie die bewegungsorientierten Strukturelemente im Schulalltag und zur Lernförderung etabliert worden sind. Hier erweist sich das Engagement von Sportlehrkräften und Schulleitungen als ebenso bedeutsam wie die Verankerung von bewegungsorientierten Bausteinen im Schulprogramm. Das positive Ergebnis ist im Selbstauskunftsverfahren entstanden und nicht durch Beobachtungen verifiziert worden.

Eine Analyse von Schulprogrammen hat auch die Wuppertaler Arbeitsgruppe (2008) vorgenommen. Die Studie zeigt, »dass viele Schulen eher Außenwirkungen als Binnenentwicklung anstreben, eher außerunterrichtliche Aktivitäten als unterrichtliche Schwerpunkte nennen, eher ihren Entwicklungsstand als künftige Entwicklungsziele beschreiben und eher Bewegungsangebote aufführen als integrative Profilbildungen vornehmen« (Balz, 2011, S. 187). Insgesamt kann man sagen, dass diese und weitere Studien (vgl. Kuhn, 2007; Müller & Petzold, 2002) zur Realisierung der Bewegten Schule zwar zeigen, dass Lehrkräfte und Schulleitungen einer Bewegungsorientierung von Schule grundsätzlich positiv gegenüberstehen, sie aber auch eine hohe Belastung auf sich zukommen sehen und oft die Ressourcen nicht ausreichen, um Bewegung umfänglich in den Schultag zu integrieren. Wenn die Bewegte Schule als Schulentwicklungsprojekt eingeführt wird und das Kollegium mit auf den Weg genommen wird, dann zeigt sich eine »hohe professionelle und emotionale Akzeptanz« (Hildebrand-Stramann, 2007b, S. 369). Dies ergebe sich aus der Zufriedenheit der Lehrkräfte mit ihrer Arbeit.

4. In einem Projekt der Universität Bayreuth (vgl. Kuhn, 2007) wird die Adressatenperspektive der Bewegten Schule aufgegriffen. Mit Hilfe von Kinderzeichnungen und qualitativen Interviews versuchen die Projektbeteiligten zu beantworten, welche Bewegungsaktivitäten sich Kinder an bayerischen Grundschulen in verschiedenen Bereichen der Schule (Schulhof, Klassenraum, Sportunterricht) wünschen, warum gerade diese für sie von besonderer Bedeutung sind und wie sie sich eine Bewegte Schule vorstellen. Aus den Ergebnissen werden Ideen zur Gestaltung einer Bewegten Schule entwickelt. Kinder haben offenbar sehr vielfältige und durchaus realistische Vorstellungen von einer Bewegten Schule mit sehr konkreten Ideen für die Ausstattung der Schulhöfe, sie möchten sich nach eigenen und selbstbestimmten Möglichkeiten bewegen (vgl. ebd., S. 398). Bewegte Schulen sind für Kinder solche Schulen, in denen sie sich wohlfühlen und sie das Bewegen mit dem Lernen verbinden können (vgl. Kuhn, 2009, S. 91). In Aufsätzen hat die Braunschweiger Arbeitsgruppe (2007) Kinder zu alternativen Sitzmöglichkeiten »befragt«. Überwiegend gefällt ihnen das Schaukeln und Kippeln auf den beweglichen Sitzelementen, aber sie erkennen auch, wenn es

störend ist. Auch hier äußern sich Kinder sehr interessiert zu mehr Bewegung in Schule und Unterricht.

Die Forschungslage zur Bewegten Schule muss insgesamt betrachtet noch als schwach bezeichnet werden. Zum einen liegen immer noch zu wenige Studien vor, die dann meist auf die Frage nach der Wirksamkeit von Bewegung für das Lernen begrenzt sind, und zum anderen sind die vorliegenden Ergebnisse sehr heterogen und oft widersprüchlich. Zwar kann eine Tendenz zur Akzeptanz und positiven Einschätzung der Bewegten Schule und die Etablierung von Bewegungsaktivitäten in der Schulgestaltung festgestellt werden, aber die Umsetzung und die erwarteten Effekte erweisen sich aufgrund der hohen Belastung der Lehrkräfte und mangelnden Ressourcen als deutlich verbesserungsfähig.

4

Bewegung in der Schulentwicklung: Ein Modell

Die vier beschriebenen Konzepte zur Bewegten Schule haben den Anspruch, Einfluss auf die Schulgestaltung und Entwicklung der Schule zu nehmen, wenn auch auf recht unterschiedliche Weise. Der *kompensatorische Ansatz* reagiert auf eine Problemlage, die das Sitzen als Belastung in den Mittelpunkt rückt und Lehrerinnen und Lehrer dafür gewinnen möchte, mit einem veränderten Bewegungskonzept Schule so zu gestalten, dass eine Gesundheitsförderung möglich wird. Der *sportergänzenden Bewegungserziehung* reicht der Sportunterricht allein für eine entwicklungsfördernde Erziehung nicht aus; daher soll Schule sich so wandeln, dass über den Sportunterricht hinaus im Schulleben und im Klassenunterricht Bewegungsaktivitäten ermöglicht und angeboten werden sowie ein bewegtes Lernen in allen Fächern stattfindet. Der *Schulprogrammansatz* bedient sich eines Steuerungsinstruments der Schulaufsicht zur Verankerung von mehr Bewegung in allen schulischen Bereichen. Aus lern- und entwicklungstheoretischer Sicht sollen nicht nur Bewegungen gelernt, sondern Schule soll *über* Bewegung zu einem Lebens- und Lernort werden. Dies wird in Schulprogrammen festgehalten und mit Hinweisen zur Umsetzung versehen. Der *Schulkulturansatz* nimmt gegenüber bisherigen normativen Vorstellungen von »guter Schule« eine analytische Perspektive von Schulkultur ein. Er verweist auf das Spannungsfeld zwischen den Akteuren auf allen Ebenen der Schule, die zuallererst Kultur herstellen. Aus einer kritischen Perspektive auf das Gesamt der Schule geht es darum zu klären, wie Körperlichkeit und Bewegung in der Kultur einer Schule aufgehoben bzw. durch einen Schulentwicklungsprozess nachhaltig implementiert werden kann.

Die beiden Konzepte zur *Kompensation* und zur *Sportergänzung* gehen von dem Grundgedanken aus, dass über mehr Bewegung mangelnde motorische Leistungsfähigkeit und Rückenbeschwerden kompensiert sowie Gesundheit und Lernen in der Schule unterstützt und gefördert werden können. Vorhandenen oder drohenden Bewegungsdefiziten von Kindern und Jugendlichen soll präventiv begegnet werden. Ausgangspunkt ist die Defizitperspektive auf das Kind und die Lebenswelt, in der Kinder heute aufwachsen (▸ Kap. 2). In neueren Entwicklungen wird versucht, diese Perspektive in Schulentwicklungsprozesse zu integrieren.

Davon müssen die Konzepte zur *Schulprogrammarbeit* und zur *Schulkultur* unterschieden werden, die ihren Ausgangspunkt in der Schulentwicklungsperspektive suchen und Bewegung als grundlegenden Beitrag zur Gestaltung von Schule sehen. Dabei wird Schulentwicklung heute immer weniger direkt vom Staat bestimmt, sie hat sich von der strukturellen Ebene der Schulformen zur Gestaltung der Einzelschule gewandelt: »Schulentwicklung ist die bewusste und systematische Entwicklung von Einzelschulen« (Rolff, 2007, S. 48). Die damit verbundene Eigenständigkeit der Schulentwicklung ist eingebunden in eine ambivalente Situation zwischen staatlichen Vorgaben und eigenständigen pädagogischen Konzepten. Die Dezentralisierung von Kompetenzen geht zurück auf die aktuelle »*Schulmodernisierung*« (vgl. Altrichter & Helm, 2011, S. 22) im Kontext von zentralisierten Schulvergleichsstudien, Kerncurricula und Bildungsstandards. In dieser paradoxen Situation sind Bewegte Schulen kein Kernstück der Schulentwicklung, aber dennoch sind sie ebenso von den aktuellen Bruchlinien zwischen Autonomie und zentraler Steuerung betroffen. Unter der Dominanz der Kernfächer wird es nicht leichter, Bewegung als Beitrag und Chance der Schulentwicklung durchzusetzen. Diese Aufgabe lässt sich nur lösen, wenn die Bewegte Schule innerhalb der Schulentwicklung eigenständige Anschlüsse und Spielräume zur Gestaltung von Schule begründen kann. Grundlegend für das Gelingen ist daher die Frage, welcher Beitrag über »Bewegung« für die Schulentwicklung geleistet werden kann. In den folgenden Kapiteln sollen die grundlegenden Strukturmomente der Schulentwicklungspraxis und -forschung dargestellt werden (▸ Kap. 4.1), um weiterführend die beschriebenen Konzepte der Bewegten Schule in ein vernetztes Modell der bewegungsorientierten Schulentwicklung zu überführen (▸ Kap. 4.2).

4.1 Ansätze zur Schulentwicklung

In den 1990er Jahren entstand als »engagierte Hilfestellung […] bei der Weiterentwicklung von Schulen« (Tillmann, 2011, S. 42) eine Orientierung an Prozessen der Organisations-, Unterrichts- und Personalentwicklung. Dabei ging es um die Akteure, die nach und nach in Teilbereichen oder im Ganzen einer Schule Veränderung durch »Erfinden, Erproben und Erneuern« (ebd., S. 44) anstrebten.

Das bekannteste und schon früh in den 1990er Jahren eingesetzte Instrument ist das *Schulprogramm* (vgl. Holtappels, 2004). In ihm sollen die leitenden Ziele und das Leitbild einer Schule festgehalten und in ein Arbeitsprogramm zur Umsetzung in die Praxis überführt werden. Die Schulprogrammarbeit beschreibt einen Entwicklungsprozess, der »im Grunde ein Synonym für ›Schulentwicklung‹« (Altrichter & Helm, 2011, S. 18) darstellt. Das Schulprogramm wird als das »grundlegendste Steuerungsinstrument« im Rahmen der Organisationsentwicklung angesehen (vgl. Holtappels, 2011, S. 132 ff.). In der Doppelfunktion als »Entwicklungsinstrument« der Schule und »Steuerungsinstrument« der Schulaufsicht erlangt das Schulprogramm allerdings eine paradoxe Position. Einerseits soll es um interne Prozesse der Selbstvergewisserung und Klärung durch exploratives Handeln gehen und andererseits soll genau dieser Prozess der Kontrolle und Evaluation einer Qualitätsprüfung unterzogen werden. Die hier möglichen Spannungen und Zielkonflikte können die Schulprogrammarbeit stören und müssen daher im Prozess reflektiert werden (vgl. ebd., S. 134). Bei der Schulprogrammarbeit darf allerdings die Kernidee dieses Instruments nicht aus den Augen geraten: »Das Schulprogramm ist Ausdruck des pädagogischen Selbstverständnisses von Kollegium, Schülerinnen und Schülern und Eltern« (Dalin u. a., 1995, S. 143; zitiert nach Holtappels, 2011, S. 134). Für die Schulprogrammarbeit müssen *Ziele* formuliert werden, die die pädagogische *Gesamtorientierung*, die *Schulkonzeption*, den Konsens und die Selbstvergewisserung betreffen. Darauf müssen das *Schulprofil*, die angestrebte *Schulqualität*, Fragen der *Effektivität und Effizienz* sowie die *Evaluation* und eine *Informationsgrundlage für die Steuerung* beruhen. Jede Schulprogrammarbeit beginnt mit einer *Analyse*. Dabei ist nicht nur eine *Bestandsaufnahme*, sondern auch eine *Umfeldanalyse* notwendig, um ein *Leitbild* sowie ein Arbeitsprogramm mit den *Entwicklungsschwerpunkten* sowie ein *Evaluationsplan* und eine *Fortbildungsplanung* zu erstellen. Für die Arbeitsorganisation bieten sich die Bildung von *Entwicklungs- und Steuergruppen* sowie *themen- oder aufgabenbezogene Arbeits- und Qualitätszirkel* im Kollegium an. Das alles lässt sich in einen *Prozessverlauf* überführen, der von den Zielen über die Analyse und die Formulierung von Inhalten bis zur Realisierung und Evaluation reicht (vgl. ebd., S. 135 ff.). Eine Schulprogrammarbeit kommt ohne eine interne Evaluation nicht aus. Es ist besonders wichtig zu prüfen, ob die gesetzten Ziele auch erreicht worden sind oder inwieweit sie erreicht wurden und was sich nicht hat umsetzen lassen. Erst daraus können Rückschlüsse für den weiteren Prozess der Schulentwicklung gezogen werden.

Die Schulprogrammarbeit ist eng mit der Frage nach der *Schulqualität* verbunden. Allerdings hat die Diskussion um eine bessere Schulqualität als Instrument der Schulentwicklung eine eigene Dynamik erreicht. Dahinter steht die Frage: ›Was ist eine gute Schule?‹ (vgl. Tillmann, 2011, S. 45). Eine Schulentwicklung, die mit dem Instrument der Schulqualität arbeitet, ist zunächst immer normativ orientiert. Sie fragt danach, was »wünschenswert« ist und »was angestrebt werden« soll (ebd.). Der Diskurs zur Schulqualität reicht aber weit über die normative Frage einer guten Schule hinaus. Die Kategorie der »Schulqualität« ist zugleich immer empirisch orientiert und geht in operative Überlegungen über, die sicherstellen sollen, dass sich die Qualität auch tatsächlich verbessert, was wiederum durch Evaluation zu prüfen ist. Ausgangspunkt der Entwicklung von Schulqualität ist die Zielfrage: So lassen sich Ziele zu einem Verständnis von Inklusion, Öffnung von Schule und Unterricht, Selbst- und Mitbestimmungsfähigkeit, Kritikfähigkeit, Demokratie lernen usw. formulieren, die dann als Kriterien in die Bestimmung von Schulqualität einfließen (vgl. ebd., S. 45 ff.). Die Entwicklung von Schulqualität stellt sich in der konkreten Realisierung auf allen Ebenen des Schulsystems als operatives Problem: »für die Lehrperson und ihre Unterrichtsplanung (Mikroebene), für die Schulleitung und ihre Arbeit am Schulprogramm (Mesoebene), aber auch für das Kultusministerium in seinem Bemühen, die Rahmenbedingungen für die schulische Arbeit zu verbessern (Makroebene)« (ebd., S. 48).

Schulentwicklung wird aber nicht allein über Schulprogrammarbeit oder Qualitätsentwicklung realisiert, also über externe (Schulaufsicht) oder interne (Selbstvergewisserung) Instrumente, sondern auch über rekonstruktive Verfahren der Schulforschung, die sich auf das Gesamt der *Schulkultur* einer Einzelschule beziehen. Im Sinne des strukturtheoretischen Ansatzes von Helsper (2008a, S. 66; ▸ Kap. 3.1, Abschnitt »Bewegte Schulkultur«) beschreibt

Schulkultur als analytische Kategorie eine »symbolische Ordnung der einzelnen Schule in der Spannung von Realem, Symbolischem und Imaginärem.« Als »einzelschulspezifische Strukturvariante« des Schulsystems eröffnet sie einer Schule oder auch einzelnen Akteursgruppen »spezifische Möglichkeitsräume des Handelns«:

> »Durch dieses institutionalisierte Handeln der schulischen Akteure wird eine Schulkultur generiert, reproduziert bzw. transformiert, die zugleich durch mehr oder weniger deutliche ›dominante Sinnstrukturmomente‹ und entsprechende imaginäre pädagogische Sinnentwürfe gekennzeichnet ist.« (Helsper, 2008a, S. 67)

Die je konstituierte symbolisch-kulturelle Ordnung schafft »Dominanzverhältnisse« ebenso wie »Passungs- und Abstoßungsverhältnisse« von Akteursgruppen im »institutionellen Kampf um Anerkennung«. In dieser symbolischen Ordnung finden die Akteure ihre je eigene »Artikulation ihres Selbst im Rahmen schulischer Bewährung und Bildungsverläufe« (ebd.). Entscheidend für das Gelingen von Schule und damit für den Prozess der Schulentwicklung ist das Zusammenspiel von *Realem* (»die konstitutiven Antinomien« und »die Strukturprinzipien« von Schule), *Imaginärem* (»die idealen pädagogischen Entwürfe«) und *Symbolischem* (die »Entfaltung von Interaktionen, Praktiken, Routinen und Arrangements der jeweiligen Schule«) im Sinne von »idealtypischen Konstellationen«:

> »Ein Idealtypus [...] beinhaltet geringe Spannungsmomente, weil das Imaginäre der Schulkultur auf das Reale, die grundlegenden Strukturprobleme der Schule bezogen ist und die Visionen der Schule mit Bezug auf die Herausforderungen konstruiert werden.« (ebd., S. 67 ff.)

Dieser Ansatz ist nicht unmittelbar als Instrument der Schulentwicklung einsetzbar. Vielmehr handelt es sich um einen rekonstruktiven Ansatz zur Identifikation oder Typologisierung einzelschulspezifischer Schulkultur für mehr oder weniger gelungene Bildungs- und Erziehungsprozesse. Schulen entwerfen sich mit ihrer jeweiligen Schulkultur als »Lösungsversprechen für umfassende Krisenszenarien« (ebd., S. 69). Es kann aber gezeigt werden, dass diese Lösungsversprechen immer dann nicht greifen, wenn *Imaginäres*, *Reales* und

Symbolisches in einem großen Spannungsverhältnis stehen, in dem Dominanzen in der symbolischen Ordnung entstehen. Helsper (2008b) zeigt dies am Beispiel der Dominanz des Imaginären gegenüber dem Realen und Symbolischen, wie es durch Schulprogramme oder Ziele der Schulqualität entstehen kann. Der pädagogische Selbstentwurf beispielsweise einer integrativen Schule mit individueller Förderung findet dann im Realen der Schule und im Symbolischen der Handlungspraktiken keinerlei Entsprechung: »Dieser schulkulturelle Typus lässt sich fassen als *Vakanz des Symbolischen in der Vermittlung von Imaginärem und Realem*« (ebd., S. 121). Je anspruchsvoller die pädagogischen Selbstentwürfe (das Imaginäre) sind, desto größer ist das Risiko des Scheiterns im Handeln der Akteure. Solche Risiken des Scheiterns stellen sich auch bei anderen Strukturvarianten ein, die durch Dominanzen und Vakanzen des Realen oder Symbolischen in den unterschiedlichsten Konstellationen mit dem Imaginären gekennzeichnet sind (vgl. ebd., S. 130 ff.). Weil gelingende Bildung und Erziehung weder ohne einen pädagogischen Selbstentwurf noch ohne die Beachtung und Reflexion des Realen und Symbolischen auskommt, muss es in der Schulentwicklung darum gehen, pädagogische Selbstentwürfe, reale Strukturen und Bedingungen sowie die Interaktionen so miteinander zu vermitteln, dass die Spannungen konstruktiv ohne Dominanzen und Vakanzen zur Geltung kommen können:

> »Idealtypisch lässt sich das etwa am Beispiel einer Schule nachvollziehen, die als ambitioniert in ihren Zielen und Ansprüchen dargestellt wird, sich speziell den Anfangsproblemen von Kindern mit der Schule zuwendet und zugleich aber differenzierte pädagogische Formen und Praktiken ausbildet [...] und dies in kollegial getragene, kooperative Unterstützungszusammenhänge einbindet. [...] Diese *schulkulturelle Strukturvariante* [...] kann als *stimmige Vermittlung von Imaginärem und Realem durch ausdifferenzierte symbolische Formen und pädagogische Praktiken* gefasst werden.« (ebd., S. 131 f.)

Eine Schulkultur in ihren jeweiligen Strukturvarianten konstituiert sich immer in den Dimensionen von *Partizipation, Leistung, pädagogischer Orientierung* und kulturellem *Inhalt* (vgl. Helsper, 2000). Im Kontext größerer pädagogischer Freiheit und schulischer Autonomie bei gleichzeitig zunehmender und delegierter staatlicher Kontrolle an die Akteure selbst sowie dem Fortbestehen von Strukturproblemen schulischer Bildung bleiben »Überforderungen, Irritationen und Selbstzweifel« nicht aus, in denen eine »hohe Ambivalenz der freigesetzten Selbstbezüglichkeit zum Ausdruck« kommt (ebd., S. 55). Gleichwohl können Schulen und ihre Akteure nicht daran vorbei, dass sie ständig und ohne es verhindern zu können »ihre« Schulkultur hervorbringen. Insofern spielt die Frage nach Richtung und Qualität von Schulkultur eine notwendige und im Sinne von Professionalität quasi existenzielle Rolle.

In der Schulentwicklung geht es zentral um die *Akteure* schulischen Handelns – es geht um die Verortung und Reflexion ihrer Rolle im Kontext von Schulprogramm, Schulqualität und Schulkultur. Sie sind von Beginn an entscheidend für Initiierung, Begleitung und auch Evaluation von Schulentwicklungsprozessen. Die unterschiedlichen Rollen von Lehrkräften und Schulleitungen einerseits und Schülerinnen und Schülern sowie Eltern andererseits müssen im Hinblick auf ihre jeweilige Mitwirkung reflektiert werden. Während Lehrkräfte als die Professionellen (vgl. Heinrich, 2011; Combe & Helsper, 2002) gelten, die durch ihren Klientenbezug ein spezifisches pädagogisches Verhältnis zu den Schülerinnen und Schülern gestalten und verantworten müssen, sind Schülerinnen und Schüler sowie Eltern eher auf der Seite der Nutzer, die einerseits unmittelbar oder mittelbar in einem spezifischen Verhältnis zu den Professionellen stehen, aber andererseits auch je spezifische Interessen an die Schule herantragen. Eltern wollen für ihr Kind »das Beste« und sind in diesem Sinne an einer Partizipation interessiert. Die Schülerinnen und Schüler wollen »gut durch die Schule kommen« und deswegen »ihre« Schule mitgestalten (vgl. Langer, 2011). Die Akteursperspektive von Eltern sowie Schülerinnen und Schülern ist im Rahmen der Schulentwicklung meist temporär auf bestimmte Themen bezogen (z. B. Mitwirkung an der Schulhofgestaltung oder die Einrichtung von AGs oder eines gesunden Mittagessens). Dabei gibt es nicht *die* Eltern und *die* Schülerschaft mit je gleichen Vorstellungen über Schule und Unterricht, sondern sehr heterogene Interessen, die sich in unterschiedlichen »*Akteurskonstellationen*« wiederfinden. Sie bilden »verschiedene Konflikt- und Kooperationskonstellationen«, die untereinander und in der Auseinandersetzung mit Lehrkräften und Schulleitung zu klären sind (vgl. ebd., S. 107). Die Beteiligung von Eltern sowie Schülerinnen und Schülern findet sich vor allem im Rahmen der Schulprogrammarbeit oder in den entsprechenden Steuergruppen zur Schulentwicklung. Insofern kann festgehalten werden, dass als Akteure der Schulentwicklung neben den Lehrkräften und der Schulleitung in ihren jeweiligen verantwortlichen Positionen auch Eltern sowie Schülerinnen und Schüler mit ihren jeweiligen Bezügen zur Schule temporär Interessen vertreten und sich in einen Schulentwicklungsprozess einbringen können.

Alle Akteure sind im Rahmen der Schulprogrammarbeit an der Zielklärung und den Inhalten des Schulprogramms zu beteiligen. Weitergehend betrifft dies auch die Bestandsaufnahme und Selbstvergewisserung sowie den Prozess der Entwicklungsarbeit und die Evaluation. In ähnlicher Weise verhält es sich bei der Schulqualität. Auch wenn hier neben der gemeinsamen Zielklärung vor allem Instrumente der Qualitätssicherung durch das operative Vorgehen und die Maßnahmen der Evaluation als Aufgaben der Schulleitung und der Lehrkräfte zum Tragen kommen, ist die Entwicklung von Schulqualität unmittelbar an das Handeln der Akteure gebunden. Allerdings ist die Frage der Schulqualität deutlich stärker an administrative Vorgaben (von den Kriterienkatalogen der Schulinspektion bis zu den Ergebnissen aus Leistungsvergleichsstudien und deren Folgerungen) gebunden, als dies beim Anfertigen von Schulprogrammen der Fall ist. Schulprogramme beinhalten das Profil einer Schule und »bedienen« damit das »Imaginative« einer Schulkultur.

Die antinomische Struktur der Schule führt zwischen und innerhalb der verschiedenen Akteursgruppen zu Konflikten und Verwerfungen, die von Macht- und Anerkennungsdifferenzen, Ein- und Ausschließungspraktiken begleitet sind. Im Rahmen von Schulentwicklungsprozessen geht es darum, dieses Spannungsverhältnis zwischen den Akteuren und Akteursgruppen zu reflektieren und in Aushandlungsprozessen eine Balance im Sinne ausgleichender Entwicklungsprozesse zu ermöglichen. Neben Anregungen aus internen (Selbstvergewisserung) oder externen (z. B. über die Schulaufsicht, Zertifizierungsvorgaben) Evaluationen können solche Prozesse durch die Akteure selbst von innen (Schulleitung, Lehrkräfte, Schülerinnen und Schüler) oder außen (Eltern, andere Einrichtungen oder Unternehmen) aufgrund bestimmter Themen und Problemlagen innerhalb (z. B. längere Unterrichtsblöcke statt Einzelstunden oder fehlendes AG-Angebot) oder außerhalb von Schule (z. B. übermäßiger Medienkonsum oder Bewegungsmangel) angestoßen werden.

Für die vier beschriebenen Ansätze (Schulprogramm, Schulqualität, Schulkultur, Akteure) der Schulentwicklung liegen Theorien und Forschungsergebnisse vor, die sich im Rahmen einer Schultheorie zunehmend zu einer »Theorie der Schulentwicklung« (Tillmann, 2011, S. 51) verdichten. Die Studien zur *Schulqualität* und zu den *Schulprogrammen* (vgl. Holtappels, 2003) betreffen besonders die Evaluation von Instrumenten und zur Partizipation der Akteure sowie der Qualitätssicherung durch Messung von Lernerfolgen der Schülerinnen und Schüler. Hingegen befassen sich die Studien zur *Schulkultur* mit den Praktiken und strukturellen Bedingungen der Akteure und ihren Aushandlungsprozessen zur Aufklärung von Macht- und Anerkennungsverhältnissen (vgl. Helsper, 2008b).

Die Akteure der Programm- und Qualitätsentwicklung sowie der Schulkultur sind auf den unterschiedlichen *Systemebenen* und deren Vernetzung aktiv und bringen sich auf unterschiedliche Weise in die Schulentwicklung ein. Es muss unterschieden werden, ob die Prozesse der Schulentwicklung das Schulsystem als Ganzes treffen (z. B. Einführung der Gemeinschaftsschule als neue Schulform, die Organisation von altersgemischten Lerngruppen, Einführung von Standards und Lehrplänen, Verpflichtung zur Schulinspektionen) oder auf die Ausstattung und Gestaltung einer Schule (Räume, Lernmaterialen, Leistungserwartungen, Schulmanagement) bzw. das Lehrkräftehandeln (in Bezug auf die Schüler-Lehrer-Beziehung, die didaktische Qualität des Unterrichts und die Leistungen sowie Kompetenzen der Schülerinnen und Schüler) bezogen sind. Auf der *Makroebene* sind die Akteure auf der bildungspolitischen oder schuladministrativen Ebene tätig. Ihre Aktivitäten können als *Steuerung* der Schule bezeichnet werden. Die *Mesoebene* verlangt von den schulischen Akteuren (Lehrkräfte, Schulleitung, Eltern, Schülerinnen und Schüler) eine eigenständige Interpretation der Vorgaben und ihre Überführung beispielweise in ein *Schulprogramm*. Die *Mikroebene* bezieht sich auf das *unterrichtliche Handeln* von Lehrkräften und Lernenden. Hier geht es um die Kriterien eines guten Unterrichts. Die Idee dieser Unterscheidung von Makro-, Meso- und Mikroebene besteht nun darin, alle drei Ebenen aufeinander zu beziehen und einen »gemeinsamen Blick« zu entwickeln, »der dann aber auf die Eigenheiten der jeweiligen Ebenen genauer eingeht« (Tillmann, 2011, S. 52). Alle drei Ebenen werden dabei als »*Gestaltungsebenen*« verstanden, bei denen »die Akteure jeder Ebene über erhebliche professionelle Freiheitsgrade« verfügen (ebd.). Die Vernetzung der einzelnen Ebenen wird als Governance-Ansatz diskutiert und nimmt in der Schulforschung zur Analyse der Steuerungsverhältnisse zwischen den Ebenen des Schulsystems eine wichtige Perspektive ein: So lassen sich »Handlungslogiken« der unterschiedlich agierenden Akteursgruppen entdecken oder auch die »Strukturen der Instrumente« (z. B. Schulprogramm) analysieren (vgl. Altrichter & Helm, 2011, S. 28). Da die Akteure oder Akteursgruppen auf den einzelnen Ebenen unterschiedlich involviert sind, entstehen Aktivitätskonstellationen über die Ebenen hinweg. Vor allem geht es zwischen den Ebenen und auf jeder Ebene um das Übertragen in den eigenen Handlungskontext und das je eigenständige »Zubereiten und Weiterentwickeln« von Vorgaben, um die »Strukturangebote« zu rekontextualisieren (vgl. ebd., S. 29).

Die Ansätze der Schulentwicklung (Schulprogramm, Schulqualität, Schulkultur, Akteure) sind insofern nicht nur hinsichtlich ihrer wechselseitigen Verwiesenheit zu reflektieren, sondern auch im jeweiligen Zusammenwirken der verschiedenen Ebenen. Von daher wird deutlich, dass die Erarbeitung eines Schulprogramms allein nicht ausreicht, um eine gute Schule zu gestalten. Zu fragen ist vielmehr, in welcher Weise die verschiedenen Akteure auf den unterschiedlichen Ebenen an dem Schulprogramm partizipieren können und welche Kriterien einer »guten« Schulqualität anzulegen sind. Der Erfolg ist jedoch abhängig vom Umgang mit den Spannungen zwischen den Akteuren und Akteursgruppen der Schulkultur, die mit den Dominanz-, Macht- und Anerkennungsverhältnissen zwischen dem Imaginären (dem Programm), Realen (die schulische Ausstattung) und Symbolischen (die unterrichtliche Interaktion) umgehen müssen. In diesem Sinne sind die einzelnen Ansätze der Schulentwicklung je für sich unzureichend. Erst wenn sie in eine vernetzte Reflexion eingebracht werden, können sie in der Praxis nachhaltig wirksam sein. Vor diesem Hintergrund soll im folgenden Kapitel ein bewegungsorientiertes Modell zur Schulentwicklung vorgestellt werden, das es ermöglicht, die bisherigen Konzepte der Bewegten Schule einzuordnen und auf sowie zwischen den Ebenen zu reflektieren.

4.2 Bewegungsorientierte Schulentwicklung

Die in Kapitel 3.1 vorgestellten Konzepte zur Bewegten Schule haben den Anspruch, Einfluss auf die Entwicklung und Gestaltung von Schule zu nehmen. Ähnlich verhält es sich mit den zahlreich vorhandenen praktischen Ideensammlungen für die Schule, die entweder umfassend für alle Handlungsfelder der Bewegten Schule Vorschläge aus der Praxis für die Praxis unterbreiten (vgl. Hundeloh, Kottmann & Pack, 2015) oder sich auf einzelne Handlungsfelder konzentrieren, wie z. B. auf den Schulhof (z. B. Derecik, 2015), das bewegte Lernen (vgl. Oppolzer, 2015) oder einzelne Fächer (vgl. Müller & Schlöffel, 2004; Beckmann, Janßen & Probst, 2012). Die vorliegenden Forschungsergebnisse (▸ Kap. 3.2) können allerdings noch nichts über den Einfluss der Konzepte und Praxisanleitungen auf die *Schulentwicklung* sagen. Bei einer wohlwollenden Reflexion der Forschungsergebnisse und der Praxis an bewegungsorientierten Schulen lassen sich im Wesentlichen vier Handlungsfelder hervorheben, die sich zur Zeit offenbar gut entwickelt haben: Es geht meist um eine bewegungsorientierte *Schulhofgestaltung*, ein *bewegtes Lernen und Unterrichten*, die Einführung von

Bewegungspausen und Entspannungsübungen und um die Einrichtung von *Sport- und Bewegungsangeboten* im Freizeitbereich der Schule. Während die ersten drei Handlungsfelder einen Schwerpunkt in der Grundschule, z. T. auch in Förder- und Hauptschulen haben, erstreckt sich das vierte Feld auch auf die weiterführenden Schulformen, vor allem die Gesamtschulen und Gymnasien. Hierauf deuten die Studien zur Bewegten Schule und vor allem zur Bewegungsorientierung von Ganztagsschulen hin (vgl. Laging & Stobbe, 2011a). Weil sich meist aus pragmatischen Gründen einzelne praxisorientierte Bausteine aus dem konzeptionellen Zusammenhang herausgelöst und verselbständigt haben, kann kaum von einer nachhaltigen und umfassenden Berücksichtigung bewegungsorientierter Konzepte in der Schulentwicklung gesprochen werden. So sind die vorgeschlagenen Instrumente, wie beispielsweise die Verankerung von Bewegung, Spiel und Sport im Schulprogramm, zwar konzeptionell umfassend ausgearbeitet worden, aber eine Verzahnung von Analyse, Zielklärung, Inhaltsfestlegung, Realisierung und Evaluation findet sich noch selten, ebenso die Orientierung an Qualitätskriterien und deren empirische Überprüfung (vgl. Fessler & Stibbe, 2011).[6] Meist bleibt es bei einer programmatischen Absicht zur Einbeziehung von Bewegung in die Schulentwicklungs- und Qualitätsdiskussion. Deutlich wird dies am sächsischen Konzept, das auf die Erzeugung von Wirkungen im Bereich Motorik, Gesundheit und Lernen orientiert ist. So wird bei Müller & Petzold (2006, S. 13) darauf hingewiesen, dass es schon reicht, wenn »einzelne Bausteine herausgegriffen und in andere Schulprogramme eingepasst werden.« Zwar wird auch in diesem Konzept auf den Zusammenhang von Bewegter Schule und Schulentwicklung hingewiesen, da Bewegung zu einer »Bereicherung des Schulpro-

6 Eines der wenigen Schulbeispiele wird von Hildebrandt-Stramann (2003) beschrieben, das den schwierigen Prozess der Beteiligung aller Akteure vom Schulprogramm über eine Potenzialanalyse und die Realisierung einer Arbeitsgruppe bis zur praktischen Umsetzung mit empirischer Untersuchung dokumentiert.

gramms« führen und über die Einbindung der Bewegungserziehung in das Schulprogramm »die Sensibilisierung für die Bedeutung der Bewegung an der Schule nachhaltig« unterstützt werden kann (vgl. ebd., S. 35), jedoch gibt es keine systematischen Überlegungen zur Einbindung von Bewegung in den Schulentwicklungsprozess. Eine solche Absicht lässt sich mittlerweile im Schweizer Konzept feststellen, das Bewegung und Sport über eine Gesundheitsförderung hinaus als Beitrag zur Schulentwicklung versteht (BASPO, 2013, o. J.), allerdings wird auch hier Bewegung nicht aus der Schulentwicklungsperspektive thematisiert, sondern, umgekehrt, werden Bewegungsaktivitäten auf Prozesse der Schulentwicklung bezogen. Sie bleiben damit außerhalb eines umfassenden Schulentwicklungsprozesses.

Das Konzept der bewegten *Schulkultur* hat sich dagegen an den leiblichen Erfahrungspotenzialen in den strukturtheoretischen Dimensionen der Schulkultur (*Leistung, Partizipation, pädagogische Orientierung* und *Inhalte*) orientiert und auf die Verwerfungen aufmerksam gemacht, die sich durch die Schule auf der Seite des leiblich verfassten Menschen zeigen (vgl. Hildebrandt-Stramann, 2007a). Das Konzept argumentiert allerdings in erster Linie aus der Perspektive der Schülerinnen und Schüler und vernachlässigt die anderen Akteure der Schulkultur (Lehrkräfte, Schulleitung und Eltern) und lässt damit die Klärung der Spannungsverhältnisse zwischen Imaginärem, Realem und Symbolischem der Schulkultur offen. Damit bleiben auch die Bezüge zu den externen Instrumenten der Schulentwicklung wie dem Schulprogramm und der Schulqualität mit ihren Kriterien einer guten Schule als das manifeste Imaginäre unaufgeklärt. Erste Ansätze einer weiterreichenden und umfassenden Perspektive liegen in zwei Schulversuchen vor, in denen ein Prozess der bewegungsorientierten Schulentwicklung gemeinsam mit Lehrkräften, Schulleitung sowie Schülerinnen und Schülern evaluiert worden ist (vgl. Hildebrandt-Stramann, 2003; 2007b), allerdings verbleiben auch diese im Spannungsfeld unaufgeklärter normativer Orientierungen der Akteure und Akteursgruppen. Insofern dringen die Analysen noch nicht zu den grundlegenden Antinomien von Schule vor, an denen die Konfliktlinien einer Schulkultur sichtbar werden.

Die bisher isoliert verwendeten Konzepte der Bewegten Schule (▸ Kap. 3.1)sind noch weit davon entfernt, integrativer Teil einer nachhaltigen Schulentwicklung zu werden. Daher wird nun der Versuch unternommen, die vorliegenden Konzepte zueinander in Beziehung zu setzen und im Sinne einer »*Handlungskoordination zwischen verschiedenen sozialen Akteuren in komplexen Mehrebenensystemen*« (Altrichter & Helm, 2011, S. 28) zu vermitteln. Auf diese Weise entsteht ein Blick auf das Gesamt von Bewegungsorientierung in der Schule. Zugleich werden die Schaltstellen, Bruchlinien und Anknüpfungspunkte zur Teilhabe am Gesamtprozess der Schulentwicklung aufgedeckt. Dazu wird in einem ersten Schritt ein *Bestandsmodell* vorgestellt, das die Beziehungen und Anknüpfungspunkte der Konzepte untereinander und zwischen den verschiedenen Ebenen zeigt. Anschließend wird auf dieser Grundlage ein *Entwicklungsmodell* bewegungsorientierter Schulen entworfen.

Die oben skizzierten Theorieansätze der Schulentwicklung (Schulprogramm, Schulqualität, Schulkultur, Akteure) bilden im Verbund mit den dargestellten Konzepten der Bewegten Schule (Gesundheitsförderung, sportergänzende Bewegungserziehung, Schulprogramm/Schulqualität und Schulkultur) vier zentrale Säulen des *Bestandsmodells* (▸ Abb. 2) einer bewegungsorientierten Schulentwicklung.

Das Modell erfasst den derzeitigen Stand nebeneinander stehender Konzepte der Bewegten Schule (▸ Kap. 3.1) und setzt sie im Kontext aktueller Schulentwicklungsansätze (▸ Kap. 4.1) zueinander in Beziehung. Die vier Säulen der Schulentwicklung sind eingerahmt einerseits von externen administrativen Steuerungsinstrumenten, die intern als Selbstverpflichtung die Schulentwicklung in Form von Programmen oder Qualitätskriterien leiten sollen (z. B. Aufforderung zur Beteiligung an Zertifizierungsprogrammen der Bewegten Schule oder der Gesundheitsförderung, wie sie von vielen Kultusministerien veranlasst und auch gefördert worden sind), und andererseits von allgemeinen externen gesellschaftlichen Entwicklungen, die als Problemlagen der Gesellschaft (z. B. Bewegungsmangel, Adipositas, Schulkritik) schulintern als Problem wahrgenommen werden (zu langes Sitzen, körperliche Unruhe, Schulstress) und zu Veränderungen in schulischen oder

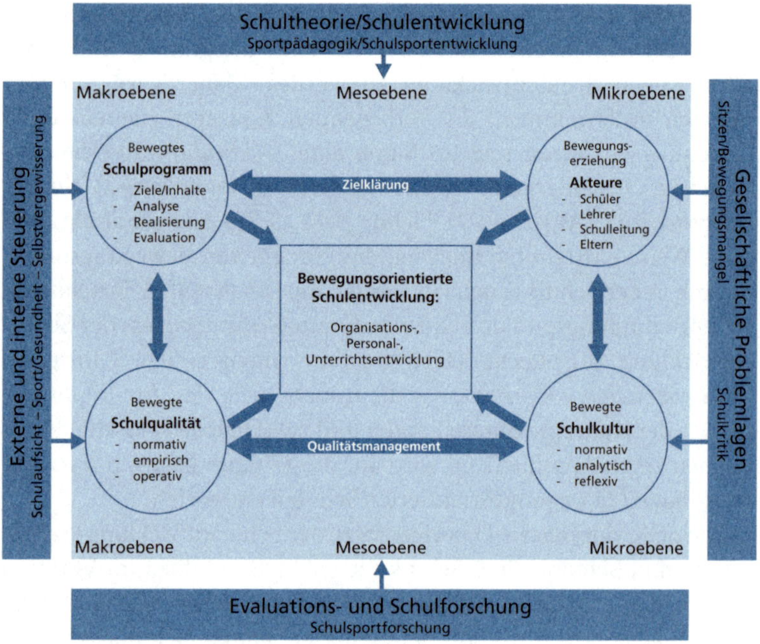

Abb. 2: Bestandsmodell bewegungsorientierter Schulentwicklung

unterrichtlichen Bereichen führen sollen (z. B. bewegte Sitzmöbel, bewegte Pausen oder bewegte Schulhofgestaltung). Sie werden weiterhin gerahmt von der Schul(entwicklungs)theorie einerseits und der Schulforschung und Evaluation andererseits, die jeweils Anschlüsse im Horizont sport- und bewegungspädagogischer Forschungsarbeiten haben (vgl. Serwe, 2011).

Die Konzepte der Bewegten Schule lassen sich den Schulentwicklungsansätzen zuordnen. Das Haus der Bewegten Schule von Klupsch-Sahlmann (1995) folgt dem Ansatz der *Schulprogrammarbeit*. Es ist im Kontext des Schulprogramms durch viele nachfolgende Arbeiten gestützt und erweitert worden (vgl. Aschebrock, 2013; Stibbe, 2004). Dabei wird Bewegung, Spiel und Sport im Schulprogramm als Leitbild einer bewegungsorientierten Schule in einen Zusammenhang zur kriteriumsorientierten Schulqualität und manchmal auch – allerdings nicht theoretisch fundiert – zur Schulkultur gestellt. Kernstück dieser Konzeption ist und bleibt die Schulprogrammarbeit im Rahmen von Schulentwicklungsprozessen. Die beiden Konzepte der Bewegten Schule zur *kompensatorischen Gesundheitserziehung* (vgl. Illi, 1995) sowie zur *Bewegungserziehung* als Ergänzung zum Sportunterricht (vgl. Müller, 2010; Müller & Petzold, 2006) haben ihren Ausgangspunkt bei den *Akteuren*. Sie beklagen mangelnde Bewegungsaktivitäten, Fehlhaltungen des Körpers durch zu langes Sitzen und betonen die Bedeutung von Bewegung für eine gesunde motorische, soziale, emotionale und kognitive Entwicklung, bessere Lernmöglichkeiten in allen bewegungsfernen Fächern der Schule und Stärkung der Partizipation am außerschulischen Sport durch einen anregenden und kreativen Sportunterricht sowie durch Sportangebote im Schulsport. Hierfür sind Lehrkräfte und Schulleitung als professionelle Akteure, vor allem mit dem Fach Sport, gefordert, möglichst unter Beteiligung der Schülerinnen und Schüler einzelne Bausteine der Bewegten Schule zu realisieren und damit der Schulentwicklung Anstöße zu geben. Dies kann auch über die Einbindung der Bausteine in die Schulprogrammarbeit mit ihrer Verbindung zur Schulqualität erfolgen. Das vierte Konzept der Bewegten Schule ist auf die Entwicklung von *Schulkultur* fokussiert (vgl. Hildebrandt-Stramann, 1999; 2007a). Neben der Auseinandersetzung mit konkreten Handlungsfeldern, die Ausdruck gemeinsamer pädagogischer Arbeit sind (z. B. bewegtes Lernen, Schulhofgestaltung, bewegter Sportunterricht), geht es um die Entwicklung von Dimensionen der Schulkultur, die in Anlehnung an Helsper (2000) mit Partizipation, pädagogischer Orientierung, Inhalte und Leistung beschrieben und von Hildebrandt-Stramann (2007a) aus leibanthropologischer und bewegungspädagogischer Perspektive ausgelegt worden sind.

Insofern finden sich die vier Konzepte der Bewegten Schule in den Ansätzen zur Schulentwicklung mit ihren jeweiligen Akzentsetzungen wieder. Auch wenn alle Konzepte den Bezug zur Schulentwicklung, vor allem in den neueren Auslegungen, betonen, fehlt die systematische Vernetzung von Schulprogramm/Schulqualität, Akteursperspektive und Schulkultur im Konzept der Bewegten Schule. Hierzu müssen die Akteure im Rahmen der bewegungsorientierten Schulprogrammarbeit und Schulkulturentwicklung zunächst ihre Ziele klären sowie die Inhalte und Verfahren festlegen. Zudem kann eine bewegte Schulkultur ohne Klärung der normativen Frage von Schulprogramm und Schulqualität im Kontext der Antinomien schulischer Strukturen kaum entstehen. Dieser Prozess der Vernetzung bedarf weiterhin der kritischen Reflexion der verwendeten Instrumente zur externen und internen Steuerung.

Die Konzepte der Bewegten Schule sind auf unterschiedlichen Ebenen der Schulentwicklung angesiedelt (▸ Kap. 4.1). Die *externen* Instrumente zum *Schulprogramm* und zur *Schulqualität* entstehen zunächst auf der *Makroebene* der Schuladministration (vor allem über die Kultusministerien und die weitere Schulaufsicht). Damit soll der Einfluss des Staates auf »gute Schulen« sichergestellt werden. Hiermit müssen Schulleitungen und Lehrkräfte im Kontext der Schule umgehen und im Sinne der Schulentwicklung z. B. eine Steuergruppe einrichten, die die Schulprogrammarbeit und die Orientierung an Qualitätskriterien leitet. Möglicherweise sind zusätzliche Arbeitsgruppen erforderlich und es ist zu klären, welche weiteren Akteure beteiligt werden sollen (z. B. Schülerinnen und Schüler, Eltern, außerschulische Einrichtungen). Dies alles findet auf der *Mesoebene* der Schulentwicklung statt. Die praktische Umsetzung erfolgt dann auf der *Mikroebene* in der konkreten Interaktion von Lehrkräften und Schülerinnen und Schülern, z. B. in der Realisierung eines bewegten Lernens oder in der Anleitung von Bewegungspausen oder die Durchführung von Sportangeboten. Schulentwicklungsprozesse müssen aber nicht immer diesen Weg von der Makro- zur Mikroebene beschreiten. Denkbar ist auch, dass die *Akteure* (z. B. die Lehrkräfte) von sich aus aktiv werden und direkt im Umgang miteinander Bewegungselemente in ihren Unterricht einfließen lassen oder Bewegungsgelegenheiten auf dem Schulhof durch Material- und Geräteangebote initiieren. Initiativen können auch von Eltern, Schülerinnen oder Schülern ausgehen. Von dieser konkreten praktischen

Mikroebene können dann aufsteigend Interessen oder Gesprächs- und Handlungsbedarfe im *Kollegium* und/oder bei der *Schulleitung* angemeldet werden, um den schulorganisatorischen Rahmen für mehr Bewegung im Schultag zu klären (Mesoebene). Dies wiederum kann in *Schulprogrammarbeit* und Qualitätssicherung überführt werden, die möglicherweise mit der Schulaufsicht abzustimmen ist (Makroebene). Auch die *Schulkulturperspektive* setzt auf der Mikroebene des *Aushandlungsprozesses* der schulischen Akteure an. Die Reflexion der Aushandlung mit den jeweils mehr oder weniger stark ausgeprägten Spannungsverhältnissen zwischen Imaginärem, Realem und Symbolischem muss dann in einem Verständigungsprozess des *Kollegiums* mit oder ohne Schulleitung auf die Mesoebene und möglicherweise auf die Makroebene überführt werden. Auf den verschiedenen Ebenen sind unterschiedliche Akteure gefordert und den Akteuren werden jeweils unterschiedliche Handlungen abverlangt, wobei die Prozesse der verschiedenen Ebenen miteinander korrespondieren.

Abbildung 2 kann als Beschreibung und Verortung der Konzepte mit ihren jeweiligen Bezügen und Verbindungen gelesen werden. Damit soll zum einen das Feld der Konzepte im Kontext von Schulentwicklungsansätzen geordnet und zum anderen sichtbar werden, dass ein Nebeneinander noch nicht das Problem der nachhaltigen Implementation in den Schulentwicklungsprozess löst. Daher wird im Folgenden dieses *Bestandsmodell* zu einem *Entwicklungsmodell* einer bewegungsorientierten Schule erweitert (▸ Abb. 3).

Wie die bisherigen empirischen Studien (▸ Kap. 3.2) zeigen, gibt es zwar von den Akteuren vielfach Zustimmung zu einer stärkeren Bewegungsorientierung, auch lassen sich – vor allem für die Grundschulen – programmatisches Engagement und die Realisierung einzelner Bausteine oder Strukturelemente konstatieren (Bewegungsaktivitäten auf dem Schulhof, Bewegungspausen im Unterricht, bewegtes Lernen, Sportangebote), aber eine dauerhafte Implementierung im Konzept und in der Praxis nach Qualitätskriterien sowie deren Evaluation im Rahmen eines nachhaltigen Schulentwicklungsprozesses kann man derzeit noch nicht bestätigen (vgl. Regensburger Projektgruppe, 2001; auch Thiel, Teubert & Kleindienst-Cachay, 2004, S. 85 ff.; Wuppertaler Arbeitsgruppe, 2008). So scheitert die Realisierung oft an fehlenden materiellen Ressourcen oder mangelnden Rahmenbedingungen, aber auch an personeller Überlastung und nicht ausreichender Kooperationsbereitschaft (vgl. Balz, 2011, S. 188). Dies hängt zum einen mit der Beschränkung auf einzelne Bausteine der Bewegten Schule (z. B. Schulhofumgestaltung) zusammen und könnte – so die Annahme – zum anderen mit der fehlenden Reflexion und Selbstvergewisserung des Spannungsverhältnisses von schulprogrammatischen und qualitätsorientierten Visionen und deren realer Umsetzung in den konkreten Interaktionsbeziehungen aller beteiligten Akteure zusammenhängen. Hier setzt nun die Weiterentwicklung des Bestandsmodells an.

Das *Entwicklungsmodell* (▸ Abb. 3) behält die Rahmenelemente zur externen und internen *Steuerung,* zu den gesellschaftlichen *Problemlagen*, zur *Schultheorie* und *Schulforschung* bei – je auch in bewegungs- und sportpädagogischer Auslegung – ebenso wie das Mehrebenensystem der Schulentwicklung. Es löst aber die vier Ansätze der Schulentwicklung und damit das Nebeneinander der bisherigen Konzepte der Bewegten Schule auf und bringt sie in ein systematisches Verhältnis.

Im Kern erfolgt eine Verkehrung der derzeitigen Argumentation einer bewegungsorientierten Schulentwicklung. Während bisher Schulprogramm und Schulqualität als unabdingbare Steuerungsinstrumente den Prozess der Schulentwicklung leiten, wird im Entwicklungsmodell vorgeschlagen, die Steuerungsinstrumente und die beteiligten Akteure im Horizont der *Schulkultur* zu reflektieren. Eine Reflexion der Schulkultur erfordert eine vertrauensvolle Distanzierung der Akteure von den gelebten und erlebten Praktiken des Schulalltags. Erst dann können mögliche Spannungsverhältnisse unter den Akteuren und Akteursgruppen in Bezug auf die Differenzen zwischen Leitbildern und Schulalltag in den Interaktionen und Handlungen der Akteure zur Sprache kommen. Helsper (2000; 2008a, b) hat dies mit dem Imaginativen, dem Realen und dem Symbolischen beschrieben und dabei auf die Spannungen zwischen Leitbildern im Schulprogramm und Schulrealität sowie auf den

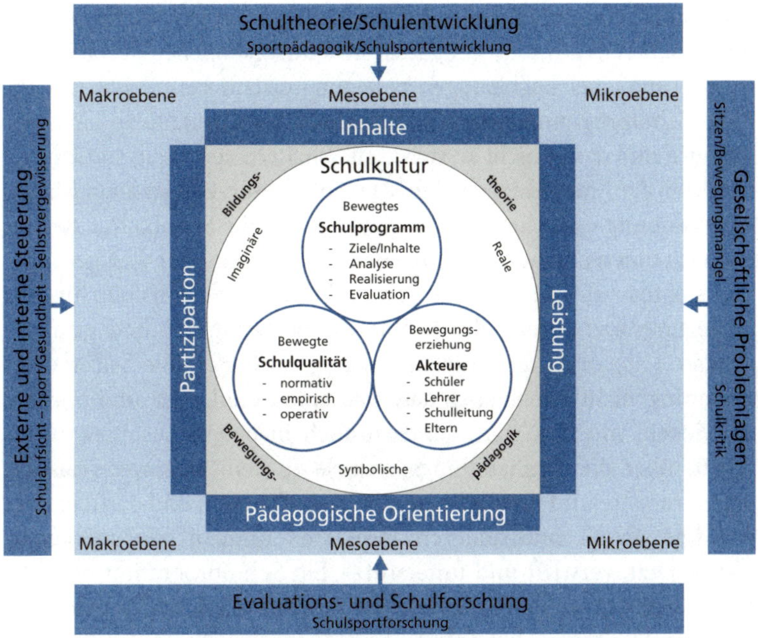

Abb. 3: Entwicklungsmodell bewegungsorientierter Schulentwicklung

handelnden Umgang der Akteure untereinander hingewiesen. Dieser Zugang ist deswegen als fundamental für die Schulentwicklung anzusehen, weil er Macht- und Anerkennungsverhältnisse sowie Prozesse der Deprofessionalisierung offenlegen kann (▸ Kap. 4.1). Dies spricht nicht gegen Schulprogramme oder Qualitätsentwicklung, sondern verweist darauf, dass die Akteure sich mit diesen Instrumenten im Horizont möglicher Bruchlinien auseinandersetzen müssen. Dabei entsteht die Frage, inwieweit die Akteure selbst über symbolische Formen und Praktiken verfügen, um ein gemeinsames pädagogisches Konzept zu entwickeln (vgl. Helsper, 2008b, S. 131). Hierbei müssen Verwerfungen und Spannungen zwischen den Akteuren und Akteursgruppen ausbalanciert werden, was nicht bedeutet, dass dies immer und zu jeder Zeit gelingt. Je größer die Diskrepanzen zwischen den Strukturmomenten der Schulkultur und je größer die Verwerfungen in den Anerkennungs- und Machtverhältnissen sind, desto unwahrscheinlicher ist die Implementierung einer nachhaltigen bewegungsorientierten Schulentwicklung. Schulprogramme und Schulqualität sowie Initiativen einzelner Akteure sind damit nicht an sich zum Scheitern verurteilt, sondern sie bedürfen der Einbindung in eine Reflexionskultur. Umgang mit Macht, Anerkennung und Konfliktlösung bringt erst die Schulkultur hervor, die nach innen und außen für alle Beteiligten mehr oder weniger spür- und sichtbar ist. Daher ist die *Schulkultur* als Reflexionsfolie für eine Bewegungsorientierung der Schule die unabdingbare und grundlegendste Kategorie von Schulentwicklung. So findet eine Selbstvergewisserung nicht allein über das, was eine Schule hat und was sie entwickeln möchte, statt, sondern auch in einem Distanzierungsschritt über die Aushandlungsprozesse zu dem, was wer realisiert haben möchte und was wer bereit ist zu realisieren, und darüber, wer wie mit seinen und anderen Interessen umgeht, sie anerkennt, wertschätzt, verwirft und unterstützt. Ein Schulprogramm oder die Realisierung einzelner Bausteine der Bewegten Schule lässt sich nur dann nachhaltig in eine Schulentwicklung überführen, wenn sie in eine Reflexionskultur der Akteure eingebunden ist.

Für die Reflexion und Entwicklung der Schulkultur bieten sich die von Helsper (2000) definierten Dimensionen »Inhalte«, »Pädagogische Orientierung«, »Leistung« und »Partizipation« an. Hierauf hat Hildebrandt-Stramann (2007a) bereits hingewiesen und den Umgang mit leiblichen Erfahrungspotenzialen in der Schule diskutiert. Im Folgenden sollen diese Dimensionen nun strukturtheoretisch für Schulentwicklungsprozesse ausgelegt werden.

1. Partizipation als grundlegende Dimension bewegungsorientierter Schulgestaltung

Schulen haben in den letzten Jahren einen Weg zur (Teil-) Autonomie beschritten und Spielräume zur Selbstgestaltung erhalten, die bis zur Verwaltung von Eigenmitteln reichen. Lehrkräfte und Schulleitungen müssen sich mit Ansprüchen dieser stärkeren

Autonomisierung der Einzelschule auseinandersetzen und Schule nach eigenen Vorstellungen gestalten. Hier sind Lernende und Eltern durch Gesprächsanlässe, Rituale, Konferenzen und im Rahmen formeller *Mitwirkungsmöglichkeiten* zu beteiligen. Dabei geht es nicht nur um formelle Gremien, sondern um schulisch institutionalisierte Aushandlungs- und Entscheidungsprozesse, um den organisierten Austausch im Schulalltag zwischen Lehrkräften, Schüler- und Elterngruppen oder einzelnen Akteuren sowie um informelle Gelegenheiten zum Meinungsaustausch: »Denn durch diese moralischen Anerkennungsstrukturen werden die Chancen verteilt, auf die Dimensionen der Schulkultur […] Einfluss zu nehmen und deren Ausrichtung mitbestimmen zu können« (Helsper u. a., 1998, S. 56).

Eine bewegungsorientierte Schulentwicklung ist grundlegend darauf angewiesen, dass alle Beteiligten an dem Prozess der Implementierung von Bewegung, Spiel und Sport im Schulalltag beteiligt werden. Bewegung ist etwas, das alle Lehrkräfte, die Lernenden und auch die Eltern betrifft. Weil die Schule allgemein mit konzentriertem Lernen in überwiegend sitzender und ruhiggestellter Haltung verbunden wird, gilt Bewegung in diesen Lernkontexten eher als störend. Mehr Bewegung berührt daher die Grundauffassung von Lehren, Lernen und Unterrichten sowohl bei den Lehrkräften als auch bei Schülerinnen und Schülern sowie den Eltern. Insofern ist die Beteiligung der Akteure an der Entscheidung über eine stärkere Bewegungsorientierung im Unterricht zwingend geboten. Bewegungsaktivitäten berühren auch die Zeit- und Raumstruktur einer Schule: Wo sind Bewegungs- und wo Ruheräume? Wie lange sollen die Unterrichtsstunden (45, 60, 80 oder 90 Minuten) und wie lange die Pausen zwischen den großen Unterrichtsblöcken dauern (15, 20, 30 oder 45 Minuten)? Weil immer die Schule angesprochen ist, kann die Bewegungsorientierung nicht allein an die Sportlehrkräfte delegiert werden, vielmehr sind sie als ausgewiesene Experten Teil des Partizipationsprozesses einer Schulentwicklung. Sie sind besonders dann gefragt und als Experten gefordert, wenn es um die fachliche Verbindung von Sportunterricht und Schulsport bzw.

bewegungsorientierter Schulgestaltung geht. Aber auch hier ist die Beteiligung der anderen Akteure und Akteursgruppen geboten. Dies trifft besonders für die außerunterrichtlichen Handlungsfelder der Schule zu. Hier wird eine stärkere Bewegungsorientierung kaum auf Widerstand stoßen, wohl aber werden die Vorstellungen der gewünschten Aktivitäten und das Verständnis von angemessener Bewegung sehr unterschiedlich ausfallen: Soll der Schulhof bewegungsaktivierend umgestaltet werden oder braucht die Schule mehr Sport-AGs? Wie soll der Schulhof gestaltet werden und welche Bewegungsflächen und Sportgeräte sollen installiert werden? Wie können Kleine und Große, Jungen und Mädchen gleichermaßen an der Bewegungsaktivierung teilhaben? Welche Sport-AGs werden benötigt und mit welchen Partnern will die Schule kooperieren? Diese Fragen erfordern Aushandlungsprozesse unter allen Beteiligten, vor allem mit den Schülerinnen und Schülern. Hier müssen Zielklärungen in den Partizipationsverhältnissen zwischen formellen und informellen Mitwirkungsmöglichkeiten stattfinden. Die dabei zutage tretenden Bruchstellen und Konfliktlinien zwischen einzelnen Akteuren und innerhalb der Lehrkräfte-, Schüler- und Elterngruppen sowie der Schulleitung sind auszubalancieren, transparent zu machen und lösungsorientiert zu klären.

2. Leistung in der Perspektive individuellen Bewegungsvermögens

Leistungserbringung und -bewertung in der Schule folgen nach dem selektiven Code »besser – schlechter«. Für die Einzelschule ist die Verteilung der Schülerinnen und Schüler nach Leistungsrängen »nicht aufhebbar und kann als sozial konstruierte Struktur des Bildungssystems begriffen werden« (Helsper u. a., 1998, S. 54). Die Ausprägung eines *Leistungsethos* divergiert sowohl innerhalb der Einzelschule zwischen Klassen, Lehrkräften und Lernenden als auch zwischen den Einzelschulen. Die Schulleistung hat historisch gesehen an Bedeutung für die Verteilung von Berufschancen und der Teilhabe an höherer Bildung enorm zugenommen. Gleichzeitig können wir eine Universalisierung der schulischen Leistung mit gesteigerten

Selektionseffekten und einem Zurückdrängen von Erziehungsaufgaben und einem kreativen Umgang mit Sachinteressen beobachten. Für eine Schule stellt sich immer die Frage, wie sie mit den unterschiedlichen Leistungserwartungen der Eltern, Schülerinnen und Schüler sowie von Lehrkräften umgeht, wie z. B. jugendkulturelle Lebensformen von einem asketischen über einen leistungsorientierten bis zum hedonistischen Habitus Berücksichtigung finden und zu Relativierungen in der schulischen Leistungsdimension führen. Vor dem Hintergrund heterogener Leistungsvorstellungen kann Schule kaum anders, als differenzierte Formen des Umgangs mit Leistung zu finden, was in »offeneren oder geschlosseneren, in experimentellen oder stark vorstrukturierten Formen zum Ausdruck komm[t] und sich mit unterschiedlichen Graden der Toleranz gegenüber Jugend als jugendkultureller Erlebniszeit verbinde[t]« (Helsper u. a., 1998, S. 54).

Gerade Sport und Bewegung sind eng mit dem Leistungsbegriff verbunden. Im Sport werden im Bewegungsvollzug ständig Leistungen vollbracht, die sich je nach Standardisierung der Ausführungsform in Klassen von Leistungsgruppen miteinander vergleichen lassen. In kaum einem anderen gesellschaftlichen Handlungsfeld sind Leistungen so exakt und in Rangpositionen zu bringen wie im Sport. Dieses auf das Ergebnis zielende Leistungsverständnis vernachlässigt aber mögliche unterschiedliche Bewegungslösungen und die je verschiedenen individuellen Voraussetzungen, Interessen und Motive der Leistungserbringung. Dies verweist auf den Prozess des Leistens, der sich im Bewegen als individuelle Auseinandersetzung mit einer Aufgabe zeigt (vgl. Funke-Wieneke, 2003). Gerade im Bewegungsvollzug ist die Rückmeldung über ein Gelingen oder Misslingen einer Bewegungsausführung unmittelbar spürbar. Es ist sofort nachvollziehbar, ob der Ball sein Ziel erreicht hat oder beim Gummitwist die Sprünge richtig gesetzt worden sind, oft ist das Ergebnis bereits im Prozess des Bewegungshandelns zu spüren. Es wäre also völlig verkürzt, wollte man die Leistungserbringung auf das Ergebnis dieses Vollzugs reduzieren. Gerade in dieser direkten Selbstwirksamkeit des Bewegungshandelns liegt das Bildungspotenzial des Sich-Bewegens

(► Kap. 1.6). Der Umgang mit Leistung im Bewegen in einer bewegungsorientierten Schulentwicklung ist daher auf den Prozess der Könnensentwicklung zu richten. Eine Schule muss sich daher fragen, wie sie hinreichend Gelegenheiten schaffen kann, um Leistungserfahrung zu ermöglichen. Kinder und Jugendliche testen im Bewegen die Grenzen ihres Könnens aus und wollen das bisherige Können immer wieder mit dem Risiko des Scheiterns überschreiten. Die Spannung zwischen Gelingen und Misslingen einer Bewegung spielt sich in einem ständigen Üben und Wiederholen von Bewegungsversuchen ab. Je nach Anforderung der Situation stellt sich ein eher gelingendes oder eher misslingendes Bewegen ein.

Der Wandel im jugendkulturellen Leistungsverständnis zeigt sich besonders deutlich in den Bewegungspraktiken von Kindern und Jugendlichen. In der außerschulischen Bewegungskultur des Skatens, Bikens und Ballspielens gibt es eigene Bewertungssysteme. Es sind eben nicht mehr allein die Punkte, z. B. im Basketball, die eine Leistung ausmachen, sondern weit bedeutender ist oft genug die »Art und Weise«, wie die Leistung erzielt wird: So ist im Streetball ein Slam Dunk wertvoller als ein simpler Korbleger. Dieser Gesichtspunkt verweist auf die Bedeutung von Bewegungsaktivitäten für die Identitätsentwicklung von Kindern und Jugendlichen. Körperpräsentation und Körperthematisierung – auch in geschlechtstypischen Modellierungen (vgl. Behnken & Zinnecker, 1999, S. 57) – dürfen in diesem Zusammenhang nicht ignoriert werden. Daher ist sportliches Bewegen ohne Leistung und ohne Leisten gar nicht denkbar. Umso wichtiger ist es, dass eine Schule das eigene Leistungsverständnis in Sport- und Bewegungsaktivitäten klärt.

3. Inhalt: Bewegen zwischen Selbstzweck und zweckvoller Nutzung

Schule ist im Kern auf die Inhalte gerichtet, die den Bezugspunkt unterrichtlichen Handelns im Sinne professioneller Vermittlungstätigkeit bilden. Die Fachinhalte haben sich im Laufe der Zeit verändert. Sie haben nicht nur im Umfang zugenommen und sich im Detail ausdifferenziert, sondern sind vor allem offener geworden. Im 20. Jahrhundert haben sich die Inhalte von einem festen Stoffkanon zu einem weitgefassten Angebot gewandelt (vgl. Rauschenberger, 1999, S. 72 ff.). Neben diesem Wandel nennt Helsper (2000, S. 48) zwei weitere große Veränderungen, die sich am Fachinhalt zeigen lassen:

- Zum einen ist dies die starke Systematisierung der Fachwissenschaft in Verbindung mit den auftretenden Antinomien zwischen »Sache und Person« sowie wissenschaftlichem und subjektivem Inhalt.
- Zum anderen ist es die Gegenbewegung zur Ausweitung der Inhalte und Fächer hin zu einer »Stoffreduktion und einer reflexiven Öffnung der Fächerstruktur mit Konzepten fächerübergreifenden, transversalen, verbindenden Lernens«.

Aktuell kann man einen weiteren Wandel beobachten, der darin besteht, dass die Inhalte hinter den Kompetenzen zu verschwinden drohen und niemand mehr weiß, was gelehrt werden soll (vgl. Gruschka, 2014, S. 44 ff.). Die sich wandelnden Fachinhalte bedeuten »gesteigerte Anforderungen insbesondere an die Lehrer(innen) [...], die jetzt in vielfältigen Abstimmungsprozessen« (Helsper, 2000, S. 48) Konsens herstellen müssen und dabei unter ständiger Begründungs- und Legitimationspflicht stehen. Ein solcher Schub zur Diversifizierung und Öffnung der Inhalte wird von Helsper (2000, S. 49) vor allem in der Schulprogrammentwicklung gesehen, »die auch fachspezifische und fachübergreifende Schwerpunktsetzungen« beinhaltet. Auf diese Weise entstehende Profile zeigen eine »je spezifische fachkulturelle Konstellation im Sinne von Kooperation, Konkurrenz oder Dominanz einzelner Fächer«.

Hier sind Bewegung, Spiel und Sport in ein besonders großes Spannungsfeld eingebunden. Sport als Fach gehört in der Rangfolge nicht zu den bedeutenden Fächern zur Erlangung eines höherwertigen Schulabschlusses. Aber kein anderes Nebenfach hat nach den Stundentafeln der einzelnen Länder so viele Unterrichtsstunden im Pflichtbereich zwischen Grundschule und Oberstufe wie der Sportunterricht. Der oben angesprochene Wandel der Fachkultur zeigt sich ganz deutlich auch im Handlungsfeld Bewegung, Spiel und Sport. So sind in den letzten 20 Jahren aus Sportarten als stoffliche Inhalte Bewegungsfelder mit ähnlich gelagerten Bewegungsabsichten geworden (wie »Rollen, Fahren, Gleiten« oder »Spielen«).

Damit hat sich das mögliche inhaltliche Angebot an die Lernenden deutlich vergrößert und ausdifferenziert. Diese Öffnung hat zugleich die Möglichkeiten für fächerübergreifendes Lernen erweitert und oftmals zu bewegungsorientierten Projekten in der Schule geführt. Mit dieser Öffnung ist zudem verbunden, aus dem Sportunterricht heraus Anschlüsse an den außerunterrichtlichen Sport herzustellen und im Sinne eines erweiterten Bewegungsverständnisses zu Bewegungsaktivitäten im schulischen Leben anzuregen. Bedeutsamer ist aber die Tatsache, dass mit dieser Öffnung im Inhaltsverständnis Bewegung zunehmend als grundlegende Dimension der Schulkultur verstanden wird (▸ Kap. 1). Bewegung als Aktivitätsform hat mittlerweile im spielerischen und sportlichen Sinne eine fächerübergreifende und schulgestaltende Funktion eingenommen. Bewegung ermöglicht einen körperbezogenen und wahrnehmungsorientierten Zugang zur Welt und wird heute durch die beschriebenen Konzepte der Bewegten Schule mit ihren Handlungsfeldern vertreten. Innerhalb und zwischen diesen unterschiedlichen Settings der Bewegten Schule muss jeweils *Bewegung als Selbstzweck* und *Bewegung als Mittel zum Zweck* (im Sinne von Nutzen für andere Lernsituationen) unterschieden werden. Es geht um Bewegung als Medium und als Mittel:

> »Zum einen ist es für eine gute Entwicklung nützlich, sich zu bewegen. […] Zum anderen ist […] Bewegung selber und als solches Organon der Entwicklung. In dieser Hinsicht ist Bewegung nicht nützlich für Anderes, sondern die Gestaltung körperlicher Bewegung ist selber Gegenstand und Thema einer (guten) Entwicklung.« (Müller & Schürmann, 2012, S. 10)

So kann eine bewegungsorientierte Schulhofgestaltung für die Kompensation eines langen Sitzunterrichts nützlich sein, sie kann aber auch Anlass sein, sich auf einem Balanciergurt immer wieder selbst hervorzubringen und ein Könnenserlebnis zu haben – und sonst nichts! Im Unterricht der kognitiven Fächer kann vielleicht besser gelernt werden, wenn Bewegungsaktivitäten die Durchblutung fördern und sie damit nützlich sind, Bewegung kann aber im Medium des Bewegens einen Sachverhalt aus den Sprachen oder Naturwissenschaften überhaupt erst sinnlich-leiblich spürbar und damit oft auch begreifbar machen. So muss zwischen *Lernen mit Bewegung* und *Lernen im Bewegen* unterschieden werden. Diese Klärung zwischen Selbstzweck und Nützlichkeit ist nur dann möglich, wenn der fachliche Gegenstand vor jeder Formung als fundamentale Weise der Mensch-Welt-Beziehung begriffen wird. Darauf aufbauend kann Bewegung in den verschiedenen Settings Medium *und* Mittel sein. Die Dimension »Inhalt« der Schulkultur erweist sich zum einen als sehr grundlegend für die schulische Entwicklung und zum anderen für die jeweiligen Settings als sehr different.

4. Pädagogische Orientierung als Überzeugung einer guten Schule

Die Akteure orientieren sich an pädagogischen Werten und Normen, die sie von einer guten Schule haben, sie orientieren sich am Schulkonzept und ihrer eigenen Deutung der Schule als gesellschaftlichem System. Dazu gehören etwa Vorstellungen zur Lehrer-Schüler-Interaktion, zur didaktischen und methodischen Gestaltung von Unterricht, zum Schulhaus und Schulgelände, zur Leistungsbewertung, zu Nähe und Distanz, zu Person- und Sachorientierung usw. (vgl. Helsper u.a., 1998, S.55). Die Herausbildung *pädagogischer Orientierung* geschieht durch Aushandlung und Institutionalisierung pädagogischer Leitbilder, wie sie auch in den Schulprogrammen festgehalten werden. Darin sind meist auch Regelungen zum Umgang mit Verstößen, mit Leistung, Sozialem und Öffnung von Schule und Unterricht enthalten. Es geht um die Philosophie der Schule, die als pädagogische Orientierung das Handeln der Akteure leitet und leiten soll. Die manifestierten pädagogischen Orientierungen haben sich im Lauf der Zeit zu mehr Verständigung zwischen den Akteuren gewandelt. Insofern geht es heute im Vergleich zu früher in der Schule wie in der Familie und in der Gesellschaft um mehr

Selbständigkeit und Selbstverantwortung. Dies hat zu einer großen Herausforderung im erzieherischen Umgang zwischen Lernenden und Lehrkräften geführt und wird durchzogen mit den Vorstellungen von Eltern und Schulleitungen zum »richtigen« Umgang mit den Heranwachsenden. Gerade in diesem Prozess der Verständigung und Aushandlung über normative Vorstellungen von Schule, Unterricht und Erziehung kann es zu Kontroversen und Spannungen zwischen den Akteuren und Akteursgruppen kommen (vgl. ebd.). Die Lehrkräfte als die »Wissenden« haben ihre Macht gegenüber der nachwachsenden Generation verloren. Hier bleibt zu klären, wie es einer Schule gelingt, diese neuen Umgangsformen für sich zu gestalten. Dies kann als aufgebürdete Arbeit der einzelnen Lehrkraft verstanden werden oder aber als kollektive Arbeit am pädagogischen Konzept und am Umgang mit Lernenden und Eltern. Vielfach entstehen in diesem Prozess der erzieherischen Selbstsuche Regelungen, die den Beziehungen im pädagogischen Umgang mehr Halt und Sicherheit geben sollen. Gleichwohl bleiben all diese Formen auf der Bruchlinie zwischen erzieherischem Anspruch und praktischer Erziehungssituation jeweils neu zu klären. Diese hohe Anforderung an alle Beteiligten geht auf die Entstrukturierung und Informalisierung schulischer Ordnung zurück, zu der es aber nur die Antwort der permanenten Aushandlung gibt (vgl. Helsper, 2000, S. 46 ff.).

Die Bewegungs- und Sportkultur hat unter dieser Entwicklungstendenz eine erhebliche Ausdifferenzierung erfahren. Kinder und Jugendliche gehen heute selbstbewusst mit selbstinitiierten Bewegungssituationen um, sie können in vielen Bereichen mehr als die Erwachsenen und haben in der Schule oft den Status von Bewegungsexperten. Dies führt zu erzieherischen Situationen, die vielen Schülerinnen und Schülern im Bewegungsbereich mehr als in anderen fachkulturellen Bereichen Anerkennung verleihen. Gleichwohl bleiben gerade Bewegung und Körperlichkeit sehr sensible erzieherische Felder. Dies betrifft Kinder und Jugendliche untereinander wie auch den Umgang zwischen Lehrkräften und Lernenden. Sie treten sich immer körperlich gegenüber, drücken sich aus, sehen sich im Spiegel der anderen und haben ein Bild von sich, das sie ausbilden und mit dem sie in der sozialen Welt interagieren (vgl. Funke-Wieneke, 2010, S. 221 ff.; Gebauer & Wulf, 1998). Zugleich sind sie gesellschaftlichen Bildern vom Körper ausgesetzt, die zwischen Disziplinierung und Inszenierung viele Stilisierungen hervorbringen, die Eingang in die Schule gefunden haben und noch finden (vgl. Bilstein & Klein, 2002). So bleibt auch das Bewegungsvermögen oder -unvermögen nicht im Verborgenen; Stolz, Anerkennung oder auch Beschämung können sich breitmachen (vgl. Klinge, 2009). Der Umgang mit dem eigenen Körper spielt besonders bei Jugendlichen zur Identitätsbildung eine große Rolle. Sie müssen mit ihrem Körper neu umgehen lernen (vgl. Niekrenz & Witte, 2011). Hier spielen nun die körperbezogenen Bewegungsgelegenheiten besonders in den non-formalen und informellen Settings der Schule eine Rolle, sie sind Gelegenheiten, sich zu erproben und sich in Bewegung zu zeigen.

Ob nun die Bewegungsorientierung einer Schule eher einer Vorstellung vom richtigen und ausreichendem Bewegen folgt und dafür im Schultag zahlreiche Sport- und Bewegungsangebote bereithält, ein Fitnesstraining einführt, Gesundheitsprogramme und Sporttraining organisiert oder Spielanregungen für Schulhof und Pause ermöglicht, Sportprojekte in Eigeninitiative anregt oder jugendkulturelle Bewegungsaktivitäten fördert, muss wieder mit allen Beteiligten in gemeinsamen Verständigungsprozessen geklärt werden. Aber auch hier sind Bruchlinien zwischen richtigem und falschem Bewegen, zu viel oder zu wenig Bewegung zu erwarten. Eine Erziehung zu mehr Bewegung kann nicht im Modus der erzieherischen Fremdbestimmung verordnet werden, sie kann nur im Sinne einer Selbstaktivierung angeregt werden.

Mit den Klärungen in diesen vier Dimensionen kann Schulkultur aus *analytischer* und *rekonstruktiver* Perspektive einen Beitrag zur Schulentwicklung leisten. Schulprogramme und Schulqualität wie auch das Engagement der Akteure in einzelnen bewegungsorientierten Handlungsfeldern können nach diesem Modell nicht umhin, sich als Schulkultur hinsichtlich des imaginären Gehalts ihrer Programmatik und der Anforderungen in qualitativer Hinsicht zu vergewissern. Auch die Akteure mit ihren Bewegungsinitiativen zum bewegten Lernen, zum bewegten Schulhof und zum bewegten Schulleben brauchen die Vergewisserung in den Kategorien der Schulkultur.

4.3 Fazit: Beispiele suchen

Obwohl der Zusammenhang von Bewegungsorientierung und Schulentwicklung in allen Konzepten und praktischen Materialien zur Bewegten Schule durchgehend betont wird, finden sich bis heute nur sehr wenige Ansätze, die auf das System Schule insgesamt gerichtet sind. Oft bleiben die Schulentwicklungsansätze auf einzelne Maßnahmen, wie z. B. Gesundheitsförderung, beschränkt. Hier geht es beispielsweise (vgl. Ungerer-Röhrich & Bodner, 2014) um eine kreis- oder spiralförmigen Abfolge von Schritten zur Implementation bestimmter Maßnahmen, die irgendwann abgeschlossen werden, und nicht um eine schulkulturelle Perspektive als Aushandlungsprozess aller Akteure und Akteursgruppen. Es wird dabei übersehen, dass eine Maßnahme zwar als partieller Handlungsbedarf über einzelne Akteure in den Prozess eingebracht werden kann, aber dass diese Maßnahme erst in Konkurrenz zu anderen Themen und Bedarfen als notwendiger Prozess zur Schulentwicklung eingeschätzt werden muss.

Eines der wenigen Beispiele für eine umfassende Schulentwicklungsperspektive ist das Konzept der Bewegten Schule von Städtler (2007; 2015) an der Fridtjof-Nansen-Grundschule in Hannover. Die Schule wendet sich bewusst gegen kompensatorische Ansätze, der scheinbar festgestellten mangelnden Fitness mit entsprechenden Programmen und Angeboten zu begegnen. Stattdessen beginnt die Bewegte Schule in diesem Konzept »im Kopf der Verantwortlichen« (Städtler, 2007, S. 98): »Der Begriff ›Bewegte Schule‹ bezieht sich auf das ganze soziale System von Schule, in das Lehrkräfte, Schülerinnen und Schüler, Eltern, aber auch das Organisationssystem mit einbezogen sind. Innere Bewegung geht äußerer Bewegung voraus«. Dieses Verständnis von bewegungsorientierter Schulentwicklung ist salutogenetisch orientiert und geht von verfügbaren und aufzubauenden Ressourcen aller Akteure aus. Entsprechend beginnt die Fridtjof-Nansen-Grundschule bei den Einsichten und Ressourcen der Lehrkräfte dieser Schule, bevor es darum geht, für die Schülerinnen und Schüler einen bewegten und gesunden Schulalltag einzurichten. Erst nach Durchlaufen einer schulinternen Reflexion über den Arbeitsplatz und darüber, wie er das leibliche Wohlbefinden beeinflusst, entsteht ein umfassendes Schulentwicklungskonzept, das fünf Inhaltsbereiche im Schulprogramm nennt (vgl. ebd., S. 99 f.): »Gesundheitsfördernde Schule«, »Sozialarbeit in der Schule«, »Lernen in Selbstlernzentren neu organisieren«, »vom Leerraum zum Lernraum – Freiraumkonzept« und »Schule steuern und organisieren«. Bei diesen Schwerpunkten des Schulprogramms wird bereits deutlich, dass es zunächst nicht um die Umsetzung von Bausteinen der Bewegten Schule geht. Zentraler Schwerpunkt dieser Schulentwicklungskonzeption ist das Steuern und Organisieren der Schule (vgl. Städtler, 2015). Alle Schwerpunkte dieser Schulentwicklung sind miteinander eng verzahnt, so dass Entscheidungen eines zentralen Steuerausschusses, an dem die Verantwortlichen dieser Schwerpunkte mitwirken, immer in allen Feldern spür- und sichtbar werden. Jeder Schwerpunkt zeichnet sich durch spezifische Themen aus, mit denen sich die jeweils zuständige Arbeitsgruppe selbständig befasst und das Ergebnis in einen Steuerausschuss einbringt. Themen aus den einzelnen Schwerpunkten können z. B. sein: »Zeitmanagement«, »Ruhebereich für Erwachsene«, »Arbeitsplatz Schule«, »Qualitätssicherung« oder »Lern- und Arbeitstechniken«. Bewegung wird dabei als ein grundständiges Thema sowohl für die Schülerinnen und Schüler als auch für die Lehrkräfte und die Schulleitung mitgedacht, sie ist der Schulentwicklung mit den je spezifischen Möglichkeiten und Bedingungen sowie den je subjektiven Interessen und Bedürfnissen aller Schulakteure inhärent und zeigt sich daher in einem vielfältigen Spektrum zwischen hoher körperlicher Aktivierung und Ruhe.

Auch wenn in diesem Konzept nicht die Schulkultur mit ihren Dimensionen und jeweiligen Spannungsverhältnissen zwischen Imaginärem und Realem unter den Akteuren und Akteursgruppen explizit als Reflexionsfolie eine Rolle spielt, so ist das, was hier an Aushandlungsprozessen und Praktiken im Umgang miteinander möglich ist und sich als bewegter Schulalltag entwickeln kann, ein vielversprechender Ansatz zur bewegungsorientierten Schulentwicklung. Dies zeigt sich auch in der Zuspitzung auf die drei zentralen Handlungsfelder der Schulentwicklung, die wie ein Räderwerk ineinandergreifen und die Grundlage des österreichischen Konzepts der Bewegten Schule bilden (Leitner u. a., 2015). Schulentwicklung vollzieht sich nach diesem Kerngedanken mit den Ressourcen, die eine Schule zur Verfügung hat, derer sie sich ständig vergewissert und selbstkritisch Fehlentwicklungen und Belastungen zu vermeiden sucht. Ansatzpunkte sind die Stärken einer Schule, die im Prozess gemeinsam mit allen Akteuren weiterentwickelt werden. Hierzu reflektieren und handeln die Akteure in drei miteinander verzahnten Handlungsfeldern: »Lern- und Lebensraum Schule«, »Unterrichtsqualität« und »Schule steuern und organisieren« (Städtler, 2015, S. 7 f.). Dabei lassen sich Bezüge zu den Ebenen der Schulentwicklung zeigen. Fragen der Schulorganisation korrespondieren mit der Makroebene der Schuladministration, sie sind aber auch auf der Mesoebene wirksam, da sie die Bedingungen für das Handeln der Akteure herstellen. Fragen zum Lern- und Lebensraum Schule sind auf der Mesoebene angesiedelt, da es um die Gestaltung von Innen- und Außenräumen für mehr Bewegungsaktivitäten geht. Die Unterrichtsqualität betrifft Fragen des bewegten Lernens und Unterrichtens auf der Mikroebene und braucht die auf der Mesoebene herzustellenden Bedingungen für einen guten Unterricht. So kann Lernen in und mit Bewegung gestaltet werden.

Das Schulentwicklungskonzept von Städtler (2007) ist insofern ein Beispiel für die Entwicklung von Schulkultur, sie knüpft am Bestehenden an und arbeitet zum Wohle aller Akteure an der Weiterentwicklung dieser Kultur. Schulentwicklung braucht diese Vergewisserung, die selbst impliziter Teil von Schulprogrammarbeit und

Schulqualität sein muss. Schulkultur entsteht aber erst durch Verständigung auf eine *pädagogische Orientierung*, die handlungsleitend im Schulalltag gelebt und erlebt wird, über die *Inhalte*, die es zu entfalten gilt, und über die Erwartungshaltung gegenüber *Leistung* und Leisten in der Schule. Dies alles bedarf der *Partizipation* der Akteure und Akteursgruppen im sozialen Kontext der Schule. Das dargestellte Beispiel ermöglicht diese Prozesse, bezieht sie aber nicht systematisch auf die zentralen Strukturdimensionen von Schulkultur mit ihren Spannungsverhältnissen. Das, was geschieht und reflektiert wird, ist daher mehr oder weniger zufällig von den Befindlichkeiten und Interessen der Akteure abhängig. Die Einzelthemen der Schwerpunkte des Schulprogramms und der zentralen Handlungsfelder bedürfen der Klärung dieser Strukturdimensionen von Schule, um nicht vorschnell und pragmatisch einzelne Fragen und Problembereiche zu »erledigen«. Insofern lässt sich an diesem Beispiel zeigen, was die analytische und rekonstruktive Perspektive der Schulkultur für die bewegungsorientierte Schulentwicklung zu leisten in der Lage wäre.

5

Ganztagsschule: Mehr Zeit für Bewegung

Seit nunmehr 15 Jahren wird Schulentwicklung zunehmend durch die Einrichtung von Ganztagsschulen bestimmt. Neben der Verbesserung von Bildungschancen für alle und einer verbesserten Betreuung geht es um die grundlegende Frage, wie Schule die zusätzliche Zeit sinnvoll zur Lern- und Entwicklungsförderung von Kindern und Jugendlichen gestalten möchte. Eine ganztägige Schulentwicklung muss sich im Sinne einer pädagogischen Gestaltung von Ganztagsschule auch mit einer Bewegungsorientierung des Ganztags befassen. Dies ist angesichts einer in Deutschland bisher fest verankerten Halbtagsschule zugegebenermaßen keine leichte Aufgabe. In diesem Kapitel sollen daher die besonderen Herausforderungen des Ganztags für Bewegung, Spiel und Sport herausgearbeitet werden. Weil es um mehr als eine »angehängte« Nachmittagsbetreuung geht (▸ Kap. 5.1), stellt sich die

Frage nach einer bewegungsorientierten Gestaltung der Ganztagsschule (▸ Kap. 5.2) immer in Verbindung mit einer integrativen Konzeption (▸ Kap. 5.3) und zugleich in Hinblick auf ausreichende Kooperationen für Bewegungsangebote zur Neugestaltung des Verhältnisses von Schulzeit und Freizeit (▸ Kap. 5.4). Abschließend wird ein Blick auf die aktuelle Forschungslage geworfen (▸ Kap. 5.5).

5.1 Ganztagsschule als Neukonzeption von Schule

Die Ganztagsschule will sowohl Antworten auf gesellschaftliche Problemlagen wie »soziale Ungleichheit in den Bildungschancen« und »Vereinbarkeit von Berufstätigkeit und Schule« als auch auf die unzureichende Qualität von Schule und Unterricht hinsichtlich der »Förderung individueller Entwicklung«, »Verbesserung schulischer Leistungen« und »sozialerzieherischer Aufgaben der Schule« geben. In der schulpädagogischen Konzeptdiskussion scheint Klarheit darüber zu bestehen, dass eine Ganztagsschule nicht die Verlängerung der stoffbeladenen Vormittagsschule nach dem Prinzip »more of the same« (Vogel, 2006, S. 18) bedeuten kann, sondern es eher um die Neukonzeption einer ganztägig arbeitenden Schule gehen muss (vgl. Höhmann, Holtappels & Schnetzer, 2004). Da sich die Ganztagsschule über die Unterrichtszeit hinaus in die nicht gebundene freie Zeit von Kindern und Jugendlichen im Kontext von Familie und Freizeit zeitlich ausdehnt, muss konzeptionell darüber nachgedacht werden, wie schulische und außerschulische Bildung in professioneller Weise verzahnt eine neue Qualität an Bildungsmöglichkeiten hervorbringen können. Die etablierte Halbtagsschule hat bisher den Nachmittag für andere Bildungsangebote, häusliche Aktivitäten und Unternehmungen in den Peergroups freigehalten. Auch schulische Verpflichtungen wie Hausaufgaben waren dem Zeitmanagement der Kinder bzw. der Familie überlassen. Aus dieser Situation ist die Notwendigkeit einer Neukonzeption von Schule über den ganzen Tag erwachsen.

Als Ganztagsschule gelten nach den getroffenen Vereinbarungen der Kultusministerkonferenz (vgl. KMK, 2006, S. 7 f.) länderübergreifend solche Schulen, die an drei Tagen in der Woche ein ganztägiges Angebot von mindestens sieben Zeitstunden bereitstellen. Den teilnehmenden Schülerinnen und Schülern muss an diesen Tagen einerseits ein Mittagessen und andererseits ein Nachmittagsangebot, das konzeptionell mit dem Vormittagsunterricht verzahnt sein soll, bereitgestellt werden. Dabei stehen alle Angebote »unter Aufsicht und Verantwortung der Schulleitung« und sollen »in enger Kooperation mit der Schulleitung durchgeführt werden« (ebd., S. 7). Seit der Ganztagsoffensive haben die einzelnen Bundesländer spezifische Regelungen und Qualitätsrahmen erlassen, die die Möglichkeiten der Schulentwicklung lenken.

Auf dieser Grundlage sind drei idealtypische Formen definiert worden, die als *offene, teilgebundene* und *gebundene* Ganztagsschule bezeichnet werden. Die Teilnahme an *offenen* Ganztagsschulen ist grundsätzlich freiwillig, sie wird von den Schülerinnen und Schülern sowie den Erziehungsberechtigten entschieden und meist für mindestens ein halbes Schuljahr festgelegt. Bedingt durch die Freiwilligkeit wird der Klassenverband am Nachmittag aufgehoben, um klassen- sowie jahrgangsübergreifende Angebotsgruppen zu bilden. Eine gegensätzliche Konzeption verfolgt die *gebundene* Ganztagsschule. Die Teilnahme ist in dieser Form für alle Schülerinnen und Schüler an mindestens drei Tagen verpflichtend. Der Schultag sichert ein strukturiertes und rhythmisiertes Angebot, das die individuellen Lernbedürfnisse und Freizeitinteressen berücksichtigt. Zwischen der offenen und voll gebundenen Ganztagsschule ist die *teilgebundene* Form einzuordnen. Sie arbeitet im Prinzip wie eine voll gebundene Ganztagsschule, allerdings mit dem Unterschied, dass die verpflichtende Teilnahme nur für einen Teil aller Schülerinnen und Schüler gilt oder der Ganztag nur an bestimmten Tagen stattfindet. Dieses Angebot ist meist an bestimmte Klassenstufen oder einzelne Klassen in Form von Ganztagszügen gebunden.

Diese drei Formen erfüllen die pädagogischen Erwartungen an Ganztagsschule aufgrund ihrer unterschiedlichen Organisationsstrukturen auf sehr unterschiedliche Weise (vgl. Prüß, 2009). Die pädagogisch konsequenteste Form ist die gebundene Ganztagsschule, weil *alle* Schülerinnen und Schüler an der beabsichtigten Lernförderung und den Bildungsangeboten zur Aufhebung sozialer Benachteiligung, zur Verbesserung von Bildungschancen sowie zur Partizipation am (jugend-)kulturellen Leben verlässlich teilhaben können. Nur die gebundene Form mit der verpflichtenden Teilnahme aller Schülerinnen und Schüler ermöglicht der Schule eine Verteilung des Pflichtunterrichts über den ganzen Tag und die Integration von »Förderangeboten«, »Hausaufgaben« und »Freizeitangeboten« in den ganztägigen Schultag. Gleichwohl stellt sich die Frage, inwieweit die Vielfalt der kulturellen Angebote der außerschulischen Bildung berücksichtigt werden kann, ohne eine weitere Verschulung des Lebensalltags von Kindern und Jugendlichen zu forcieren. Möglicherweise lassen sich durch die Ganztagsschule die Distinktions- und Exklusionsphänomene jugendkultureller Lebenswelt abschwächen oder in der Schule bearbeitbar machen. Allerdings dürfte kaum davon auszugehen sein, dass sich die strukturellen Antinomien und gesellschaftlichen Ungleichheiten in der Partizipationskultur gleichsam von alleine erledigen könnten. Es muss daher gefragt werden, wie viel »Entschulung« die Verzahnung von schulischer und außerschulischer Bildung die gebundene Ganztagsschule zulässt.

Die offene Ganztagsschule erweist sich durch ihre Freiwilligkeit in der Teilnahme und ihre Offenheit hinsichtlich der Schülerinteressen und -bedürfnisse sowie der Angebotsvielfalt außerschulischer Bildungspartner zunächst als pädagogische Chance, um Lernangebote und -förderung sowie die Wahrnehmung von Freizeitangeboten individuell zu ermöglichen. Allerdings hat es die Schule schwer, sich in ihren formellen Unterrichtsverpflichtungen und den Formen des Lernens mit Differenzierung, neuer Lernkultur und individueller Förderung zu reformieren, da sie in dieser Form auf den Vormittag beschränkt bleibt. Eine wirkliche Reform von Unterricht und Lernen ist nur begrenzt möglich. »Zeit für mehr«

bleibt dann weitgehend auf die freiwilligen Angebote für den Nachmittag begrenzt.

Nach der StEG-Ausgangserhebung waren im Jahr 2005 59 % der Schulen als *offene*, 23 % als *voll gebundene* und 18 % als *teilgebundene* Ganztagsschule organisiert (vgl. Klieme u. a., 2007, S. 355). Heute sind es im Durchschnitt über alle öffentlichen und privaten Schulen hinweg 68 % offene, 15 % teilgebundene und 17 % voll gebundene Ganztagsschulen. Differenziert nach Schulformen sind Grundschulen beispielsweise zu 84 % offen, 12 % teilgebunden und 4 % voll gebunden organisiert, bei den Gymnasien sind es 70 % offene, 12 % teilgebundene und 18 % voll gebundene Ganztagsschulen. Bei den Hauptschulen reduziert sich der Anteil an offenen Ganztagsschulen auf 50 %. Auf die beiden anderen Organisationsformen entfallen hier 27 % für die teilgebundene und 23 % für die voll gebundene Ganztagsschule (vgl. KMK, 2015, S. 4 ff.).

Allerdings muss bedacht werden, dass der gegenwärtige Ausbaustand der Ganztagsschule sehr stark differiert und die formalen Kriterien (3 Tage, 7 Stunden, Mittagstisch, Verzahnung von Vor- und Nachmittag) nicht trennscharf bezüglich der Unterscheidung von Halbtags- und Ganztagsschulen sowie der Organisationsformen des Ganztagsbetriebs Anwendung finden. Die Vielfalt in der Schulentwicklung ist im Ziel-, Konzept- und Organisationsbereich weit größer, als dies durch die drei Formen nahegelegt wird; sie ist vor allem auch von den schulspezifischen Bedingungen abhängig (vgl. Klieme u. a., 2007, S. 363; Bertelsmann Stiftung, 2013, S. 94 ff.). Auch so genannte »offene« Ganztagsschulen enden also nicht immer in ihrer Verpflichtung für alle Schülerinnen und Schüler nach der Vormittagszeit – womit die Trennschärfe zwischen *offenen* und *gebundenen* Ganztagsschulen deutlich abnimmt. Daher spielt das Konzept einer rhythmischen Tagesgestaltung an weit mehr als den *gebundenen* Ganztagsschulen eine wichtige Rolle. Dies bestätigen sowohl die Daten der quantitativen Teilstudie im Projekt »StuBSS« (vgl. Laging & Stobbe, 2011a) als auch in »StEG« (vgl. Dieckmann u. a., 2007, S. 171). Hier wird deutlich, dass die *gebundenen* Ganztagsschulen am häufigsten ein Zeitkonzept für einen rhythmisierten Tagesablauf entwickelt haben (StuBSS: 61 %; StEG: 73 %). *Offene* Ganztagsschulen haben dies immerhin mit einem Anteil von 30 % (StuBSS) bzw. 32 % (StEG) der Schulen. *Die* Ganztagsschule gibt es also nicht, vielmehr geht es um die je einzelne Schule mit spezifischen Zeitkonzepten.

Das größere Zeitbudget verlangt von den Akteuren, über gewohnte Strukturen, Zeiten und Räume nachzudenken und diese im Rahmen der Schulentwicklung zu verändern. Mit der Verlängerung des Schultages übernimmt die Ganztagsschule eine größere Verantwortung dafür, Kinder und Jugendliche über den ganzen Tag hinreichend Gelegenheiten für Bewegungsaktivitäten zu geben. Bewegungsaktivitäten spielen einerseits in ihrer Selbstbezüglichkeit (Bewegung als Selbstzweck) im Sinne sportlichen Handelns eine wichtige Rolle im individuellen und sozialen Kontext des Alltags von Kindern und Jugendlichen – und dies im formalisierten Sportunterricht, in non-formellen Angeboten von Schule und Verein wie auch in informellen Settings der Schule und des gesamten Lebensraums. Andererseits ist Bewegung ein Mittel, um das Lernen in allen Fächern zu unterstützen und zu begleiten sowie Lerngegenstände in Bewegung zu erschließen. Hier zeigt sich die enge Verbindung von Bewegen und Wahrnehmen im gesamten Tagesablauf einer Schule (▸ Kap. 1.3).

Besonders deutlich wird eine bewegungsorientierte Gestaltung einer Ganztagsschule an einem veränderten Raum- und Zeitkonzept. Hildebrandt-Stramann (2010) zeigt in seiner Analyse von Schulkonzepten die unterschiedlichen Zeit- und Raumkonzepte von ganztägig arbeitenden Schulen. Er unterscheidet zwischen solchen Schulen, die eher einem linearen Zeitverständnis im Sinne der Uhrenzeit und einem funktional-physikalischen Raummodell im Sinne eines »Behälters« folgen, und solchen, in denen das Eigenzeit- und Eigenraummodell die Grundlage bilden, also gelebte und erlebte Zeit sowie gelebter und erlebter Raum konstitutiv für die Schulkonzepte sind. Er unterscheidet auf dem Hintergrund dieser Zeit- und Raumtheorie in den Extremformen zwei Schulen, die auf völlig gegensätzliche Weise mit Bewegung und Sport im ganztägigen Schultag umgehen (vgl. Hildebrandt-Stramann, 2010, S. 36 ff.):

- Die *bewegungsorientierte Lebens- und Erfahrungsschule* lässt den Schülerinnen und Schülern und auch den Lehrkräften ein hohes Maß an eigener Deutung und Gestaltung von Raum und Zeit – es geht um die vitale Zeit und den vitalen Raum. Da sich Bewegung immer in Zeit und Raum artikuliert, sind auch die Möglichkeiten eines subjektiven Bewegungshandelns an diese Kategorien gebunden. Ganztagsschulen mit Eigenzeit- und Eigenraummodellen integrieren Bewegung weit stärker als andere Konzepte in einen rhythmisierten Schultag. Sie lassen im wahrsten Sinne des Wortes Zeit und Raum für bewegungsbezogenes Erleben im Unterricht, beim Lernen, in den Pausen und in der Verbindung von Vormittag und Nachmittag.
- Die *sportbetonten Leistungsschulen* folgen einem Uhrenzeitmodell mit festen Zeitrhythmen, die dem klassischen Tagesablauf einer Schule entsprechen: 45-Minuten-Rhythmus für den Unterricht, kurze Pausen zur Kompensation des Sitzunterrichts und eingepasste Zeitquanten für eine Sportprofilierung. Die Sportorientierung dieser Ganztagsschulkonzepte zeigt sich auch in der dominanten Nutzung sportiver Räume. Lineare Zeitmodelle sind zudem stimmig mit sportiven Bewegungshandlungen, die ebenfalls nach klaren Zeitstrukturen verlaufen und zudem in Zeit- und Raumausprägungen gemessen werden können (z. B. Schnelligkeit beim Lauf, Weite beim Sprung, Turnen in der Zeit- und Raumausdehnung). Dieser Typ von Ganztagsschule arbeitet meist mit Sportklassen und hat ein sehr ausgeprägtes Sportangebot in Kooperation mit Vereinen.

Die beiden anderen Typen ganztägig arbeitender Schulen lassen sich zwischen diesen beiden Extremformen einordnen. Zum einen ist es die *bewegungsorientierte Lernschule*, die in einer geringeren Ausprägung auch mit Eigenzeit- und Eigenraummodellen arbeitet, und zum anderen die *bewegungsorientierte Unterrichtsschule*, die tendenziell eher an einem linearen Zeitmodell und einem sportfunktionalem Raummodell orientiert ist.

Nun sind es gerade die beiden Kategorien Zeit und Raum, die eine Neudefinition in der Ganztagsschule erfahren (»Zeit für mehr«,

»Raum als dritter Pädagoge«) und die Umgestaltung der Schule durch Konzepte der Rhythmisierung leiten. Bewegung und Sport und ihre Möglichkeiten zur Gestaltung von Ganztagsschule sind unmittelbar an diese Kategorien gebunden.

5.2 Den Ganztag bewegungsorientiert gestalten

Bewegung, Spiel und Sport haben vor allem als Ganztagsangebot am Nachmittag einen bedeutenden Stellenwert erlangt, sie sind nahezu an jeder Ganztagsschule vorhanden (▸ Kap 5.5). Insofern nehmen Bewegungs- und Sportaktivitäten im Alltag von Ganztagsschulen einen relativ großen Anteil am Gesamt der Ganztagsangebote ein. Die Reichweite einer bewegungsorientierten Ganztagsschule erstreckt sich allerdings weit über die Sportangebote am Nachmittag hinaus – es geht um einen bewegten Unterricht in allen Fächern, eine bewegungsanregende Schulhofgestaltung und um eine bewegungsorientierte Rhythmisierung des Schultages. Vor diesem Hintergrund haben sich zur Neugestaltung schulischer Bewegungs- und Sportaktivitäten im Ganztag unterschiedliche Möglichkeiten auf der Grundlage bisheriger Sport- und Bewegungskonzepte entwickelt. Ganz grob lassen sich drei Entwicklungslinien zur Bewegungsorientierung von Ganztagsschulen unterscheiden (vgl. Laging, 2014, S. 31 ff.):

- Eine *erste* Entwicklungslinie setzt auf ein mehr oder weniger umfangreiches Sport- und Bewegungsangebot am Nachmittag im Anschluss an den Vormittagsunterricht, das meist auf freiwilliger Basis unter Einschluss von Kooperationen mit Sportvereinen vor allem zur Betreuung von Kindern an Grundschulen und in den unteren Klassen der weiterführenden Schulen bereitgestellt wird. Dabei greifen die Ganztagsschulen meist auf bestehende Kooperationen zurück und bauen diese aus. Es geht in dieser Konzeptualisierung nicht um pädagogische Ansprüche der Ganztagsschule, sondern um Betreuung, manchmal auch Profilierung durch sportliche Förderung in Kooperation mit Vereinen.

- Die *zweite* Entwicklungslinie hat ihren Schwerpunkt ebenfalls in der Kooperation von Ganztagsschule und Sportverein, hebt sich aber durch einen neu formulierten pädagogischen Anspruch deutlich von der ersten Entwicklungslinie ab. Bewegungs- und Sportangebote werden als Beitrag der Jugendhilfe verstanden; sie finden überwiegend am Nachmittag in Form von AGs im Rahmen des schulischen Ganztagsangebots für Grundschulen statt. Diese Ansätze gehen von »Bedeutungsdimensionen der Bewegung« (instrumentelle, wahrnehmungserfahrende, sozialkommunikative und personale Bedeutung) aus und werden im Kontext des Jugendhilfegesetzes auf die subjektiven Bewegungsinteressen von Kindern bezogen. Hieraus soll ein »Netzwerk« zwischen Schule und Sportverein zur Ausbildung eines aktiven Lebensstils entstehen (vgl. Naul, 2005, S. 72). Dagegen wird im Konzept von Neuber (2008) der Sport in der Ganztagsschule im Spannungsfeld von formeller und informeller Bildung verortet. Die auf Freiwilligkeit beruhenden Nachmittagsangebote werden als pädagogische Chance für eine Bewegungsförderung gesehen.
- Eine *dritte* Entwicklungslinie fragt auf der Grundlage bisheriger Konzepte zur Bewegten Schule danach, wie sich Bewegung und Sport als grundlegende Gestaltungselemente von Ganztagsschule mit dem Anspruch der bildenden Begegnung mit der Welt zur Entwicklungs- und Lernförderung realisieren lassen (▸ Kap. 1). Sowohl in den Pausen, im Unterricht, in Mittagszeiten, zum gleitenden Schulbeginn, Schulschluss oder bei regelmäßigen Schulfesten als auch in den Nachmittagsangeboten sind Bewegungsaktivitäten ein bedeutsamer inklusiver Bestandteil des gestalteten Tagesablaufs der Ganztagsschule. In diesem Ansatz geht es nicht allein um die ausreichende Berücksichtigung von sportlichen Aktivitäten in eigenen Zeitfenstern mit festen Kooperationspartnern, sondern darum, wie es einer Ganztagsschule gelingen kann, ein Lernen und Leben in einem rhythmisierten Tagesablauf mit Bewegungs- und Sportaktivitäten zu arrangieren (vgl. Laging, Derecik, Riegel & Stobbe, 2010).

Die aufgezeigten Konzeptionen zur Berücksichtigung von Bewegung, Spiel und Sport – jedenfalls die der zweiten und dritten Entwicklungslinie – treten immer mit dem Anspruch an, einen *Bildungsbeitrag* in der Ganztagsschule leisten zu wollen. Dies geschieht einerseits vor dem Hintergrund der generellen Inanspruchnahme von Bewegung und Sport für die Generierung von Bildungsmöglichkeiten, andererseits durch die Verzahnung von Ganztagsschule und Freizeit zu einem Konzept der Ganztagsbildung (vgl. Otto & Coelen, 2004; Neuber, 2008). Die Praxis einer bewegungsorientierten Konzeption muss daher im Horizont von Bildung reflektiert werden.

5.3 Bewegung als ganztägiges Bildungsangebot

Die Ganztagsschulentwicklung ist anders als die bisherige Argumentation zum Bildungsverständnis von Schule weit mehr zwischen schulischer und außerschulischer Bildung verortet. Dies hängt ganz entscheidend mit der zeitlichen Ausdehnung der Schule in die bisherige freie Zeit von Schülerinnen und Schülern zusammen. Daher kann Ganztagsschule nicht nur unter der Perspektive schulischer Bildung organisiert werden, sie muss diese mit den außerschulischen Bildungsangeboten und -konzepten verbinden. In der Denktradition der Schule überwiegt die Reflexion eines Bildungsverständnisses, dessen Kern in der Klärung des Selbst- und Weltverhältnisses besteht (vgl. Benner, 2012). Die außerschulische Jugendbildung ist dagegen weit mehr an der kritischen Reflexion historisch-gesellschaftlicher Verhältnisse orientiert und bewegt sich eher im Spannungsfeld von Emanzipation und Herrschaft im Sinne der subjektiven Entfaltungsmöglichkeiten in selbst- und mitbestimmten Lebenssituationen der Heranwachsenden; es geht um die »Realisierung emanzipatorischer Bildungsprozesse« (Rieckmann & Bracker, 2008, S. 458). Dies zeigt sich dann an der Gegenüberstellung von schulischer und außerschulischer Bildung, indem das Vorhandensein oder Nicht-Vorhandensein eines Curriculums, die Zukunfts- oder Gegenwartsorientierung, der Zwang oder die Freiwilligkeit zur Teilnahme, die Selektion oder Partizipation, die Distanz oder Nähe, die Zeitknappheit oder das Verweilen, die Eindeutigkeit oder Vieldeutigkeit, die Künstlichkeit oder Natürlichkeit betont wird (vgl. Becker, 2005, S. 80). Hier treten die Diskrepanzen zwischen Schule und Jugendbildung deutlich hervor.

Um die konträren Positionen zu vereinen, argumentieren verschiedene Vertreter der Sozialpädagogik mit dem Begriff der »Ganztagsbildung« (vgl. Otto & Coelen, 2004), mit dem ausgedrückt werden soll, dass Bildung nicht allein in der Schule stattfindet, sondern an vielen Orten, die sich lokal als Bildungslandschaften präsentieren. Ganztagsbildung ist dann das übersummative Ergebnis formeller Einrichtungen, wie der Schule, und non-formellen Angeboten, wie der Jugendhilfe, der Schulsozialarbeit, der Kirche oder der Vereine sowie den informellen Gelegenheiten in der materialen und sozialen Welt. Der Begriff »Ganztagsbildung« bleibt dabei additiv, er ist auf der Ebene der Institutionen (Schule hier und Jugendarbeit dort) angesiedelt und realisiert sich nicht als »transversaler Prozess« unter subjekttheoretischen Überlegungen« in der Verbindung beider Bildungskonzepte (ebd., S. 8).

Diese Gegenüberstellung zeigt sich auch in der sportpädagogischen Diskussion um »Bildung in der Ganztagsschule«. Im Gefolge der PISA-Diskussion ist im Rahmen des 12. Kinder- und Jugendberichts (vgl. BMFSFJ, 2005) die Bedeutung der informellen Bildung gegenüber der formellen (unterrichtlichen) Bildung aufgewertet worden. Neuber (2008, S. 182 f.) diskutiert dabei die Risiken und Chancen von Bewegungsangeboten zwischen Betreuung und Bildung in der offenen Ganztagsgrundschule vor dem Hintergrund der spezifischen Möglichkeiten von außerschulischen Partnern in Kooperation mit der Schule und dem je spezifischen Beitrag des schulischen Sportunterrichts. Hier geht es zum einen um die »gegenwartsorientierten Entfaltungsbedürfnisse der Kinder«, die eher durch die Angebote der Jugendhilfe sichergestellt werden können, zum anderen um die »zukunftsgerichteten Entwicklungschancen der Kinder«, die zur Aufgabe des Schulsports gehören. Diese Gegenüberstellung müsste nach Neuber (ebd.) in eine »Kombination von nicht-formellen und formellen Bildungsformen, ergänzt durch informelle Bildungsmöglichkeiten« überführt werden, damit Bewegung als Erfahrung zukunftsbezogener Orientierung und gegenwartsbezogener Erfüllung in unterschiedlichen Settings des schulischen Ganztags erfahren wird. Dabei werden die auf Freiwilligkeit beruhenden Nachmittagsangebote als pädagogische Chance für eine Bewegungsförderung durch Differenzierung von Perspektiven und offenen Inszenierungsformen gesehen. Auch wenn sich Bewegung und Sport im Ganztag nicht auf Nachmittagsangebote beschränken lassen, so bilden sie derzeit das nachgefragteste Angebot in den Ganztagsschulen.

5.4 Sportkooperationen in der Ganztagsschule

Im Kern der Ganztagsschulentwicklung geht es um eine Neugestaltung über den ganzen Tag hinweg. Hierfür sind in den *offenen* und *gebundenen* Formen der Ganztagsschule unterschiedliche Bildungskonzepte entstanden:

> »Ganztägige Bildung kann als Verzahnung von Lernorten verstanden werden, aber auch als vor- und nachmittägliche Gestaltung von Bildungsprozessen am Ort Schule gefasst werden. Dementsprechend zeigt sich die ganztägige Bildung in der Bundesrepublik in zwei Grundformen mit jeweils weiteren differenzierten Realisierungsmöglichkeiten.« (Prüß, 2009, S. 33)

Unterschieden werden *duale* bzw. *additive* und *integrative* Konzepte, die auch bei der Realisierung von Bewegungs- und Sportangeboten in der Ganztagsschule ihren Niederschlag finden (▸ Abb. 4).

Das *additive* Konzept bezeichnet das Nacheinander von unterrichtlichem Vormittag und außerunterrichtlichem Nachmittag. Dabei können die Konzepte eher additiv-dual oder additiv-komplementär organisiert werden. Im ersten Fall sind die Partner autonom und

Abb. 4: Additive und integrative Formen der Kooperationen in Ganztagsschulen

selbst als Träger eines Angebots für die Durchführung verantwortlich, die Angebote können die Schule unterstützen oder aber unabhängig von Schule realisiert werden. Im zweiten Fall geht es um die organisatorische Koordinierung von Angeboten zwischen Schule und außerschulischen Partnern. Die mit der Schule vereinbarten Zeitquanten werden von den Partnern in Absprache mit der Schule gestaltet.

Bezogen auf eine Ganztagsbildung sind im ersten Fall die Bildungskonzepte, sofern die außerschulischen Partner über ein solches verfügen, völlig unverbunden, im zweiten Fall ergänzen sich im besten Fall die Bildungsvorstellungen im Sinne eines komplementären Verhältnisses. Diese additiven Kooperationsformen lassen sich vor allem mit der offenen Ganztagsschule realisieren, die sich durch den verpflichtenden Vormittagsunterricht und einer auf Freiwilligkeit beruhenden Mittagszeit und sich anschließenden Ganztagsangeboten an mindestens drei Tagen in der Woche auszeichnen.

Das *integrative* Konzept verlangt dagegen neben der Kooperation von Schule und außerschulischen Partnern auch die Zusammenarbeit zwischen den innerschulischen (vgl. Prüß, 2009, S. 34 f.) und den außerschulischen Akteuren zur Verzahnung der Angebote auf der personalen, inhaltlichen oder organisatorischen Ebene. Die integrative Kooperation bezieht sich in erster Linie auf die teil- und voll gebundene Ganztagsschule, sie ist aber auch an offenen Ganztagsschulen möglich, sofern diese ihren Unterricht über den Tag verteilen und eine Rhythmisierung der Tagesgestaltung vorsehen (vgl. Laging & Stobbe, 2011a).

Diese Überlegungen zur additiven und integrativen Konzeption der Kooperationsbeziehung haben in der Praxis durchaus ihren Niederschlag gefunden. Es bleibt aber die Frage, wie solche Kooperationsbeziehungen gestaltet werden können, um eine Verzahnung von Vormittag und Nachmittag zu ermöglichen bzw. die außerschulischen Partner in den Prozess der Schulentwicklung einbeziehen zu können. Aus den strukturtheoretischen Arbeiten zur Schulkultur (vgl. Helsper u. a., 1998) lassen sich sogenannte Arbeitsbündnisse begründen, die die Akteure zusammenführen, um das Sport- und Bewegungsangebot im Horizont von Anerkennungs- und Machtverhältnissen auszubalancieren und gemeinsam eine bewegungsorientierte Schulentwicklung zu unterstützen.

Kooperationen mit außerschulischen Partnern sollen vor allem die Verbindung von Schule und außerschulischer Lebenswelt, also zwischen schulischer (formaler) Bildung und lebensweltlich orientierter Alltagsbildung (informelle und non-formale Kontexte) ermöglichen (vgl. Rauschenbach & Züchner, 2011; Neuber, 2008). Die Ganztagsschule bekommt die Aufgabe zugesprochen, Bildungschancen für alle zu erweitern, ohne Kinder und Jugendliche vollständig zu verschulen. Mit dieser Aufgabe ist jedoch ein Problemhorizont angesprochen, der die Neubestimmung des Verhältnisses von außerschulischem und schulischem Lebens-

und Bildungsraum meint. Dazu gehören die konzeptionelle und thematische Verzahnung von schulischer und außerschulischer Bildung, z. B. in den Feldern Musik, Kunst, Theater, Tanz, Spiel und Sport. Eine solche Mitwirkung außerschulischer Partner verlangt von Seiten der Schule eine Öffnung zur Lebenswelt der Schülerinnen und Schüler bzw. eine Hinwendung außerschulischer Partner zur Schule. Hierdurch kommt es zu einer Überschneidung von schulischen und außerschulischen Freiräumen. Die dabei entstehende intermediäre Zone mit einem gemeinsamen Überlappungsbereich zwischen Ganztagsschule und Freizeit kann als dritter Gestaltungsraum einer ganztägigen Bildung angesehen werden (▸ Abb. 5).

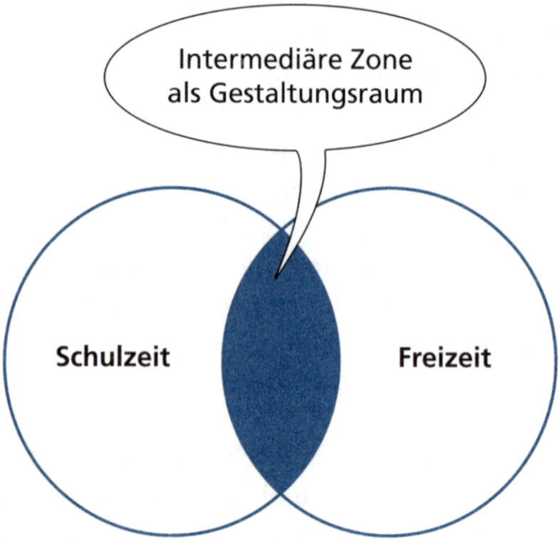

Abb. 5: Zusammenwirken von Schulzeit und Freizeit (Laging, 2014)

Hierfür müssen auf der Grundlage der bisherigen Kooperationsansätze Konzepte entwickelt werden, die schulische und außerschulische Sport- und Bewegungsaktivitäten miteinander verzahnen. Konzeptionell ist damit keine zeitliche Eingrenzung (etwa auf den

Nachmittag) gemeint. Vielmehr beschreibt diese Zone räumliche und zeitliche Bildungsmöglichkeiten in der Verzahnung von Schule und außerschulischer Bildung, die je nach Konzeption völlig unterschiedliche Realisierungsformen im Tagesablauf einer Ganztagsschule annehmen können. Die bisherigen Kooperationsstrukturen werden sich nur dann als tauglich erweisen, wenn sich sowohl Schule als auch außerschulische Partner für die je spezifischen Interessen und Bedürfnisse *aller* Kinder und Jugendlichen öffnen und dafür im ganztägigen Kontext der Schule Zeit und Raum für Bewegung, Spiel und Sport schaffen. Dies weist konzeptionell in die Richtung von integrativen bzw. inklusiven Konzepten (vgl. Laging, Derecik, Riegel & Stobbe, 2010). Die Angebote durch Schule und Kooperationspartner ermöglichen aufgrund der unterschiedlichen Professionalität verschiedene Zugänge zu Sport und Bewegung. Schule und Kooperationspartner wirken in einem pädagogischen Arbeitsbündnis der Ganztagsschule zusammen.

5.5 Forschungen zur bewegten Ganztagsschule

Die Ganztagsschulforschung hat erst deutlich nach Beginn der Offensive zur Einrichtung ganztägiger Schulen eingesetzt. Neben vorausgegangenen Studien (vgl. Holtappels, 2005) sind es die Ausgangserhebung der »Studie zur Entwicklung von Ganztagsschulen« (Holtappels u. a., 2007) und die längsschnittlichen Befunde dieser Studie (vgl. Fischer u. a., 2011), die die Situation und die Effekte der Einführung ganztägig arbeitender Schulen untersucht haben. Diese sind durch weitere Studien (vgl. Kolbe u. a., 2009; Züchner & Grgic, 2013; Bertelsmann Stiftung, 2012) ausdifferenziert worden. Parallel zu dieser einsetzenden Ganztagsschulforschung sind fachspezifische Studien entstanden. Die bewegungs- und sportbezogenen Untersuchungen zur Bewegungsorientierung von Ganztagsschulen sind insgesamt noch gut überschaubar, in ihrer Qualität sehr heterogen und ihrer Reichweite noch begrenzt, so dass derzeit keine verallgemeinerbaren Aussagen möglich sind. Die Ergebnisse aus diesen fachspezifischen Studien sollen im Folgenden in komprimierter Form dargestellt werden. Sie lassen sich thematisch in drei Forschungsschwerpunkte unterteilen: »Umfang und Häufigkeit von Bewegungs- und Sportangeboten«, »Kooperation mit außerschulischen Anbietern« und »Integration von Bewegungsaktivitäten in den Schulalltag«.

Umfang und Häufigkeit von Bewegungsangeboten

Aus den Ergebnissen der *Studie zur Entwicklung von Ganztagsschulen* (StEG) geht hervor, dass an 95 % der ganztägig arbeitenden Grundschulen und 90 % der ganztägig arbeitenden Schulen der Sekundarstufe I Bewegungs- und Sportaktivitäten angeboten werden (vgl. Holtappels u. a., 2007). In der längsschnittlichen Auswertung wird dieser Befund noch einmal bestätigt, er steigert sich auf 97 % der Ganztagsschulen in der Sekundarstufe I (vgl. Züchner & Arnoldt, 2011, S. 277). Man kann davon ausgehen, dass Bewegungs- und Sportangebote nahezu flächendeckend an allen Ganztagsschulen vorhanden sind und die Chance für eine über den Sportunterricht hinausgehende Bewegungsaktivierung von Kindern und Jugendlichen gegeben ist. Die insgesamt relativ hohe Teilnahmequote an den Sportangeboten beträgt in der 7. Klasse noch 50 % und in der 9. Klasse noch 42 % aller Ganztagsschülerinnen und -schüler und lässt Sport damit zum »stärksten nachgefragte[n] Angebot« werden (vgl. ebd.). Die Wirkung einer längeren Schulzeit auf das außerschulische Sportengagement lässt sich derzeit so deuten, dass der Ganztagsbetrieb zu einem etwas geringeren Engagement in den Sportvereinen und auch im informellen Freizeitsport führt, dass aber unter Einschluss der Teilnahme an Sportangeboten der Ganztagsschule das sportliche Engagement tendenziell eher zunimmt. Allerdings werden die Effekte einer kompensatorischen Wirkung oder auch der Anwerbung durch Ganztagsangebote derzeit noch eher gering eingeschätzt (vgl. Züchner & Arnoldt, 2011, S. 274 ff., S. 278 ff.;

Züchner & Grgic, 2013, S. 229 ff.). Ein durch die Ganztagsschule bedingter Mitgliederrückgang in den Sportvereinen kann nicht bestätigt werden. Dieses Ergebnis zeigt sich auch bei der Verlängerung des Schultags durch die verkürzte Gymnasialzeit. Auch hier lassen sich keine Auswirkungen auf die sportlichen Vereinsaktivitäten feststellen (vgl. Laging, Böcker & Dirks, 2014).

An 46 % der Schulen der Sek. I bzw. an 52 % der Grundschulen finden die Bewegungsangebote an 2–3 Tagen und an 26 % der Schulen der Sek. I bzw. an 35 % der Grundschulen sogar an 4–5 Tagen in der Woche statt (vgl. Holtappels, 2007, S. 192). Auch andere Studien weisen auf einen hohen Anteil für die Bewegungs-, Spiel- und Sportangebote hin. An Ganztagsgrundschulen werden fast die Hälfte aller Angebote über 4–5 Tage in der Woche angeboten (vgl. Naul, 2008b, S. 16 f.). Ähnlich hohe Werte wie Bewegungs- und Sportangebote erreichen nur noch die Aktivitätsbereiche »Musik und Kunst«, »Handwerk« und »Neue Medien« (vgl. Holtappels, 2007, S. 192). Dieser erfreuliche Befund kann als Chance für mehr Bewegung, Spiel und Sport in der Ganztagsschule interpretiert werden (vgl. Naul, 2008a, S. 325).

Darüber hinaus zeigt sich, dass das Bewegungs- und Sportangebot – vor allem an den Schulen der Sekundarstufe I – in einem erheblichen Umfang über das schuleigene Personal (Lehrkräfte und weiteres pädagogisches Personal) zustande kommt (vgl. Laging & Stobbe, 2011b). An den Grundschulen ist dagegen eher das *weitere pädagogische* bzw. *außerschulische Personal* (Übungsleiterinnen und Übungsleiter) für AGs bzw. Freizeitangebote zuständig. Damit wird deutlich, dass das Bewegungs- und Sportangebot – vor allem in der Sek. I – nicht nur auf Kooperationen mit externen Partnern, wie den Sportvereinen, zurückgeht, sondern auch auf die schuleigene Konzeption mit Einsatz von schuleigenen Lehrkräften.

Sportangebote mit Kooperationspartnern

Die Mehrzahl der empirischen Arbeiten zum Thema »Bewegung, Spiel und Sport im Ganztag« befasst sich mit den Bedingungen und

Möglichkeiten der Kooperation von Ganztagsschule und Sportverein. Die vorliegenden empirischen Studien basieren überwiegend auf quantitative Datenerhebungen und -analysen zu Umfängen und Angeboten von Kooperationspartnern, speziell der Sportvereine (vgl. Züchner & Arnoldt, 2011; Wick u. a., 2011; Thieme, 2013; Süßenbach & Geis, 2014; Breuer, 2013). Diese Studien zeigen, dass ca. ein Fünftel aller *Sportvereine* zu Ganztagsschulen Kooperationsbeziehungen unterhält und dass umgekehrt etwa 70 % aller Ganztagsschulen mit Sportvereinen kooperieren, Grundschulen mehr als weiterführende Schulen. Dabei kooperieren Ganztagsschulen nicht nur mit ein oder zwei Vereinen, sondern z. T. mit deutlich mehr. Kooperationsbeziehungen gehen häufiger von den Schulen aus, aber auch das Engagement von Eltern oder die Kontakte von Lehrern spielen hier eine Rolle. Je nach Studie sind auch die Vereine bis zu einem Drittel selbst die Initiatoren der Kooperationen. Insgesamt sind etwa bis zu zwei Drittel der Schulen und auch der Vereine mit ihren Kooperationen zufrieden. Schwierigkeiten zeigen sich in der fehlenden Kontinuität der Kooperationsbeziehungen und der mangelnden Kommunikation in der Zusammenarbeit. Die Angebote der Sportvereine sind überwiegend sportartenorientiert. Aber auch wenn alle Bewegungs- und Sportangebote zusammen betrachtet werden, kommen sportartübergreifende oder nicht sportartbezogene Bewegungsangebote (Psychomotorik, Bewegungstheater, Zirkusprojekte) deutlich seltener vor. Je nach Studie finden in der Woche etwa vier bis fünf Bewegungsangebote an einer Ganztagsschule statt.

Aus der Studie von Thieme (2013) zur Kooperation von Sportvereinen mit Ganztagsschulen in Rheinland-Pfalz aus dem Jahr 2012 geht hervor, dass mehr als die Hälfte (56 %) der Sportangebote an Ganztagsschulen von Einzelpersonen ohne feste Vereinsbindung durchgeführt werden und nur etwa ein Drittel (35 %) von Sportvereinen, wobei die deutliche Mehrheit der Übungsleiterinnen und Übungsleiter aller Ganztagsangebote über C- und B-Lizenzen verfügt. Gleichwohl drückt sich hier das zentrale Dilemma der Kooperationen von Sportvereinen und Ganztagsschulen aus: Die Vereine sind personell kaum in der Lage, den hohen Bedarf an Sport- und Bewegungsangeboten an Ganztagsschulen abzudecken.

Die hier angesprochenen Studien sind auf Kooperationsbeziehungen zwischen Ganztagsschule und Sportvereinen begrenzt, sie nehmen weder die Perspektive der Schulentwicklung auf Bewegung, Spiel und Sport ein, noch werden die Ergebnisse im Horizont der Schulentwicklung reflektiert. Zudem sagen viele Studien nur etwas zur Ganztags*grund*schule aus und können meist nur Geltung für die *offene* Form der Ganztagsschule beanspruchen. Die Schulentwicklungsperspektive wird dabei allenfalls als limitierende Größe zur sportlichen Förderung und einer sportorientierten Jugendarbeit gesehen, z. B. durch Unterricht am Nachmittag oder die gebundene Form von Ganztagsschule, nicht aber als potenzieller Rahmen einer neu zu entwickelnden Schule.

Im Gegensatz zu diesen Studien befasst sich die *Studie zur Entwicklung von Bewegung, Spiel und Sport* (StuBSS) mit einer integrativen Schulentwicklungsperspektive (vgl. Laging & Stobbe, 2011a, b; Hildebrandt-Stramann, Laging & Teubner, 2014). Bewegung wird dort als Querschnittsaufgabe der Schulentwicklung verstanden: Bewegung ist inklusiver Teil der Gestaltung von Unterricht, Angeboten, Pausen und Schulrhythmus. In dieser *quantitativen und qualitativen* Studie ist der Frage nachgegangen worden, inwieweit es der Ganztagsschule gelingt, Bewegungs- und Sportangebote unter Berücksichtigung von Kooperationspartnern in den Tagesrhythmus einzubinden und welche Bedeutung Lehrkräfte, Schülerinnen und Schüler sowie Schulleitungen den Bewegungs- und Sportangeboten für die Gestaltung einer Ganztagsschule beimessen. Aus dieser umfangreichen Studie sollen zunächst ausgewählte Ergebnisse aus der *quantitativen* Studie in komprimierter Form vorgestellt werden:

1. Zwar unterhalten alle Ganztagsschulen zu außerschulischen Einrichtungen Kooperationsbeziehungen, sei es zur Jugendhilfe, zu kommunalen Einrichtungen, Anbietern von Gesundheitskursen oder Sport- und Bewegungsanbietern, aber 33 % aller Schulen stehen in *keinem* Kooperationsverhältnis zu Sportvereinen oder

anbietenden Einzelpersonen. Das bedeutet allerdings nicht, dass es an diesen Schulen kein Bewegungs- und Sportangebot gibt, es wird nur nicht von Sportvereinen angeboten, sondern vom eigenen Lehrpersonal, dem weiteren pädagogischen Personal, Eltern oder Ehrenamtlichen. Hier wird sichtbar, dass die Angebote nicht nur von außerschulischen Partnern übernommen werden, sondern Ganztagsschulen mit dem eigenen Personal an der Gestaltung mitwirken.

2. Dagegen arbeiten knapp 67 % aller Ganztagsschulen mit Kooperationspartnern aus dem Sport zusammen. Neben Sportvereinen, die an 50 % der Schulen beteiligt sind, bieten parallel oder auch ausschließlich Einzelpersonen (Eltern, Ehrenamtliche) und die eigenen Lehrkräfte sowie das weitere pädagogische Personal Sport-AGs an. Die eine Hälfte dieser Schulen weist eine bis vier, die andere zwischen fünf und fünfzehn Kooperationsbeziehungen auf.
3. In den Daten zeigt sich, dass ein umfangreiches Bewegungs- und Sportangebot auch mit wenigen Kooperationen zu erreichen ist. Daher erweist sich die bloße Anzahl der Sportkooperationen mit Vereinen und anderen Anbietern als kein besonders guter Indikator für eine breite Angebotspalette. So haben bspw. Schulen mit acht bis fünfzehn Kooperationen nur durchschnittlich sieben *unterschiedliche* Sport*arten*angebote, dagegen können Schulen mit nur zwei bis vier Kooperationen im Schnitt zehn Sport*arten*angebote vorweisen.
4. An den untersuchten Ganztagsschulen zeigen sich recht unterschiedliche Möglichkeiten der Integration von Bewegungsangeboten in den Schulalltag. Mittels einer Cluster- und Frequenzanalyse lassen sich *vier Typen* voneinander abgrenzen, die zeigen, wie unterschiedlich Schulen ihre Verantwortung für Sport- und Bewegungsaktivitäten wahrnehmen (▸ Abb. 6): Die beiden Typen 1 (33 %) und 2 (17 %) bieten bewegungs- und sportorientierte Ganztagsangebote überwiegend über das schuleigene Lehrpersonal an. Typ 2 erweitert die schuleigenen personellen Möglichkeiten mit der externen Ressource aus Eltern und Ehrenamtlichen. Beide Typen arbeiten daher weitgehend ohne Kooperationen mit Sport-

vereinen. Die beiden Typen 3 (28 %) und 4 (22 %) bilden das Gegenstück zu den ersten beiden Schultypen, sie organisieren Bewegungs- und Sportangebote immer mit Sportvereinskooperationen. Ergänzend bieten im Typ 3 auch Sportlehrkräfte Bewegungsangebote an und im Typ 4 sind alle verfügbaren personellen Ressourcen am Bewegungs- und Sportangebote beteiligt.

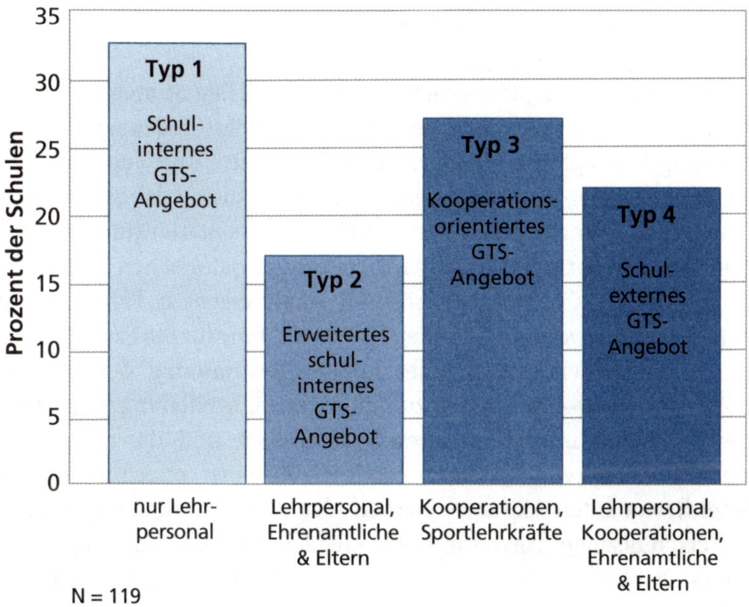

Abb. 6: Organisationstypen von Bewegungs- und Sportangeboten

Im Kern sind also zwei Strategien erkennbar: Die Realisation von Bewegungs- und Sportangeboten erfolgt entweder schwerpunktmäßig mit dem schuleigenen Personal oder über Kooperationen mit Sportvereinen und Einzelpersonen. Beide Strategien führen zu einem vielfältigen und umfangreichen Bewegungsangebot, wenn auch auf unterschiedliche Weise.

Die Verteilung dieser Schultypen ist abhängig von der Schulform: Typ 1 tritt vor allem bei Verbund- und Förderschulen, bei Regel- und Sekundarschulen sowie Haupt- und Realschulen auf. Gegensätzlich ist das Bild bei den Gesamtschulen und Gymnasien, die den Typ 1 fast gar nicht praktizieren, sondern ihr Sportangebot vor allem mit Typ 4, also mit allen verfügbaren Ressourcen, hervorbringen. Typ 3, also das kooperationsorientierte Ganztagsangebot, zeigt sich besonders an Grund-, Haupt- und Realschulen sowie auch an Gymnasien. Typ 2 als erweiterte Variante von Typ 1 zeigt sich dann wieder an den Schulen, die auch Typ 1 bevorzugen.

Schulentwicklung muss diese unterschiedlichen Strategien reflektieren und sich jeweils selbst vergewissern, welche für das schuleigene Ganztagskonzept zur Förderung von Kindern und Jugendlichen hilfreich ist. Dies wird besonders an den Ergebnissen der qualitativen Datenauswertung deutlich. Als typische Argumentationsmuster können die *Angebotsorientierung* zur rein organisatorischen Aufrechterhaltung des Ganztagsbetriebs mit meist eigenem Personal, die *Schülerorientierung* zur engagierten Parteinahme für die Partizipation der Schülerinnen und Schüler an der Bestimmung der Inhalte, die *Kooperationsorientierung* zur additiven Sicherstellung von Ganztagsangeboten mit kooperierenden Vereinen und die integrative *Verständigungsorientierung* zur Initiierung einer engen Form der interdependenten Zusammenarbeit der Akteure von Schule und außerschulischen Partnern unterschieden werden (vgl. Laging & Dirks, 2014, S. 233 ff.). Gerade in den Argumentationsmustern der Schülerorientierung und der Verständigungsorientierung wird die Einrichtung von Schulentwicklungsgruppen gefordert, um ein schulisches Bewegungsangebot tatsächlich an den Interessen der Kinder und Jugendlichen auszurichten und sie an der Entwicklung zu beteiligen oder überhaupt zur Verständigung zwischen den unterschiedlichen Akteursgruppen durch Gesprächsforen zu kommen. Im Rahmen dieser sollen nicht nur organisatorische, sondern auch strukturelle, konzeptionelle und inhaltliche Fragen geklärt werden. Ebenfalls sollen nach diesem Orientierungsmuster die Anbahnungsprozesse von Kooperationen noch einmal analysiert und lohnender organisiert werden. Es werden mit allen Beteiligten gemeinsam erarbeitete Planungsstrategien gefordert, die schuleigene Lösungskonzepte zulassen. Darüber hinaus wird viel Wert auf kontinuierliche Ansprechpartner auf allen Seiten gelegt.

Integration von Bewegungsaktivitäten

Im Mittelpunkt der *Studie zur Entwicklung von Bewegung, Spiel und Sport* (StuBSS) steht die Schulentwicklungsperspektive. Über die oben beschriebenen Ergebnisse zu den Bewegungs- und Sportangeboten hinaus wurden Daten aus Schulleitungsbefragungen, Interviews, Beobachtungen und Gruppendiskussionen darauf hin ausgewertet, inwieweit es Schulen gelingt, Ganztagsschule bewegungsorientiert zu gestalten. Es geht also um die Integration bzw. Inklusion von Bewegungsaktivitäten in die schulkonzeptionelle Entwicklungsarbeit. Für die weiterführende Schulentwicklungsarbeit können die folgenden Ergebnisse hilfreich sein (vgl. Laging & Stobbe, 2011a, b):

1. Es lassen sich zwei Schulentwicklungskonzepte unterscheiden: Zum einen finden sich Schulen mit einer umfassenden Integration von Bewegungsaktivitäten und zum anderen Schulen mit einer Dominanz bei den Bewegungs- und Sportangeboten. Der Unterschied besteht im Wesentlichen darin, Bewegung im gesamten Tagesrhythmus zu berücksichtigen oder durch Angebote vor allem den Nachmittag zu gestalten. Hier findet die oben beschriebene additive und integrative Konzeption (▸ Kap. 5.4) ihren empirischen Nachweis. Zugleich befinden sich in der *additiven* Konzeption deutlich mehr offene und in der *integrativen* Konzeption mehr gebundene Formen der Ganztagsschule.
2. Schaut man sich die Bewegungsintegration in Abhängigkeit von den *Schulformen* an, so sind die *Grundschulen* gemeinsam mit den *Förderschulen* viel stärker um eine umfassende Bewegungsintegration bemüht als Schulen der Sekundarstufe I. Dies ist ein Befund, der auch aus anderen Untersuchungen bekannt ist: Grundschulen

haben das Konzept der Bewegten Schule stärker umgesetzt als Schulen der Sekundarstufe I (► Kap. 3.2). Nun wird von Ganztagsschulen auch die Realisierung innovativer Konzepte gefordert, die vor allem offene Unterrichtsformen, Teamarbeit, Kooperation des gesamten pädagogischen Personals, Rhythmisierung und vielfältige Ganztagsangebote umfassen. Hier zeigen sich drei Innovationsmaße: wenig, etwas und sehr innovativ. Im Ergebnis sind die gebundenen Formen der Ganztagsschule hinsichtlich der Bewegungsorientierung deutlich häufiger in der Gruppe der innovativen Schulen vertreten als die offenen Ganztagsschulen. Innovative Schulen integrieren in Bezug auf Rhythmisierung, Kooperation und Unterricht deutlich häufiger Bewegung in den Schultag.

3. Ganztagsschulen begründen die Berücksichtigung von Bewegungsaktivitäten vor allem mit *kompensatorischen und gesundheitsfördernden* Argumenten und der Idee einer *Entwicklungsförderung durch Bewegung*. Deutlich geringer wird der Faktor der *sportorientierten Förderung* gewichtet. Gebundene Formen der Ganztagsschule geben besonders die ersten beiden als wichtigste Begründung an, die dritte Begründung findet sich häufiger in der offenen Ganztagsschule. Auch hier wird deutlich, dass der Integration von Bewegung in den Schulalltag immer eine eigene »Schulphilosophie« zugrunde liegt.
4. Bewegungs- und Sportaktivitäten werden in zunehmendem Maße sowohl für den Tages- und Wochenrhythmus als auch für den Jahresrhythmus für wichtig gehalten. Es ist erkennbar, dass eine unterschiedlich gewichtete, insgesamt mittelmäßige Umsetzung verschiedener Bausteine der bewegten Schule erfolgt. »Weitgehend« werden lediglich klassische Sport- und Bewegungsangebote, d. h. zumeist wöchentliche AGs sowie Bewegungsmöglichkeiten in den Pausen umgesetzt. Am geringsten sind Bewegung im Unterricht sowie Stille- und Entspannungsmöglichkeiten verbreitet. Die Ergebnisse lassen darauf schließen, dass Bewegung, Spiel und Sport bisher hauptsächlich in klassischen Bereichen des Schultags, d. h. in den Pausen und in speziellen Sportangeboten, eine größere Verbreitung erfahren. Im unterrichtlichen Bereich, in dem Bewe-

gung im traditionellen Verständnis kaum eine Rolle spielt, ist Bewegung erst ansatzweise vertreten. Gleichwohl sind gebundene Ganztagsschulen deutlich stärker um eine Integration von Bewegung bemüht.

5. Besonders auffällig ist das Engagement für mehr Bewegungsaktivitäten in den Pausen. Die Ausgabe von Spielmaterial ist dabei am stärksten verbreitet, gefolgt von der Öffnung des Ballspielplatzes und der Organisation von Pausensport. Die Öffnung von Sporthalle und -platz sind dagegen weniger verbreitet. Auch hier haben die gebundenen Ganztagsschulen einen deutlich höheren Anteil zu verzeichnen.
6. Auf der Grundlage der qualitativen Daten aus StuBSS (vgl. Laging & Dirks, 2014) lassen sich Ganztagsschulen aus einer Bewegungsperspektive nach vier Orientierungsmustern typisieren:
   - Schulen mit einer *additiven Sport- und Bewegungsperspektive* praktizieren eher ein konservativ-pessimistisches Modell der bewegungsorientierten Schulgestaltung, bei dem es um die weitgehende Beibehaltung des klassischen Schultakts geht. Bewegungsaktivitäten werden mit der Argumentation am Nachmittag angehängt, dass »mehr« unter den gegebenen Umständen nicht möglich sei und das Kollegium keine größeren Veränderungen wünsche. Das Spektrum der Schulen dieses Typs macht ein Orientierungsmuster deutlich, das Sport und Bewegung die Funktion der Kompensation und Profilierung zuweist.
   - Schulen mit einer *komplementär-integrativen Sport- und Bewegungsperspektive* arbeiten mit einem konstruktiv-konsensuellen Modell der bewegungsorientierten Schulgestaltung. Das Kollegium hat Konsens hinsichtlich der Bedeutung von Bewegung für die Schulentwicklung mit der Schulleitung. Dabei geht es um eine Verzahnung von Vor- und Nachmittag zur Entwicklungsförderung durch entsprechende Angebote sowie zur Verbesserung des Unterrichts durch Bewegung.
   - Schulen mit einer *extensiven Bewegungsperspektive* engagieren sich im Sinne eines optimistisch-visionären Modells mit sukzessiver Weiterentwicklung und Ausdehnung von Bewegungs-

möglichkeiten im Zeittakt des Tagesablaufs. Die Konzeption sieht nicht nur eine stärkere Integration von Bewegung vor, sondern strebt die Inklusion von Bewegungsaktivitäten als Teil der bewegungsorientierten Schulgestaltung an. Bewegung soll als Gestaltungselement nicht nur die Freizeit, sondern auch den Unterricht in allen Fächern, Projekten und das Schulleben durchziehen. Bewegung ist ein Beitrag zum Lernen und zur Bildung in der Schule, sie schließt auf andere Weise Zugänge zur Welt und zu sich selbst auf, als dies die anderen bildenden Zugänge der Fächer ermöglichen.

- Schulen mit einer *intensiven Sportperspektive* orientieren sich an einem konzentriert-spezialisiertes Modell mit meist sportlicher Förderung im Sinne des Leistungssports in enger Kooperation mit dem Vereins- und Verbandswesen des Sports. Die Konzeption basiert auf einer engen Kooperation der Sportlehrkräfte mit dem Sportverein, um über sportliche Förderung und Erfolge auch die Schule zu profilieren. Solche Profilierungen sind meist an die additive Form von Ganztagsschule gebunden.

5.6 Ganztägige Schulentwicklung mit Bewegung

Der derzeitige Wissensstand zu Bewegung, Spiel und Sport in der Ganztagsschule verweist auf die Notwendigkeit einer systematischen Schulentwicklung. Bisher können wir konzeptionell und empirisch feststellen, dass Sport in der Ganztagsschule vor allem eine Beteiligung an den Nachmittagsangeboten in Form von AGs mit freiwilliger Teilnahme meint. Hier liegen mehr oder weniger gut ausgearbeitete Kooperationskonzepte mit Sportvereinen vor. Empirisch lässt sich festhalten, dass Sport- und Bewegungsaktivitäten die häufigsten Angebote an Ganztagsschulen sind. Sie finden zudem besonders häufig mit außerschulischen Kooperationspartnern statt. Damit beschränkt sich die Integration von Bewegung, Spiel und Sport auf Ganztagsangebote im Sinne additiver Kooperationsbeziehungen mit Sportvereinen (vgl. Naul, 2014). Dem steht das Projekt StuBSS gegenüber, das Bewegung, Spiel und Sport als integrativen Teil einer ganztägigen Schulentwicklung versteht (vgl. Hildebrandt-Stramann, Laging & Teubner, 2014). Dieser Ansatz bezieht den bewegten Unterricht, die Rhythmisierung des Tages, den Schulhof und die Integration von Kooperationspartnern mit ein. Konzeptionell und empirisch zeigt die Studie, dass Schulleitungen, Lehrkräfte sowie Schülerinnen und Schüler die Einbindung von Bewegung, Spiel und Sport in einen ganztägigen Schultag wünschen und für sinnvoll halten. Lehrkräfte wollen sich selber mit Angeboten und einem bewegten Unterricht an der Bewegungsorientierung ganztägiger Schulen beteiligen. Die Ergebnisse der Studie zeigen weiter, wie das jeweilige Bewegungskonzept sowohl Bezüge zur Schulform als auch zur Form der Ganztagsschule aufweist. Je gebundener der Ganztag ist, desto stärker wird an Grund-, Verbund-, Haupt-, Real- und Förderschulen Bewegung in den Schultag integriert.

Damit wird noch einmal die Notwendigkeit einer umfassenden Schulentwicklungsperspektive aufgezeigt. Zur aktiven und konstruktiven Gestaltung von Schulkultur lässt sich auch im Kontext der Ganztagsschule das *Entwicklungsmodell* zur Bewegungsorientierung von Schulen anwenden (▸ Kap. 4.2). Eine bewegungsorientierte Schulkultur kann sich an Ganztagsschulen ebenfalls nur durch Konsenssuche zwischen den Interessen der Akteure und über die Intentionen des Schulprogramms bzw. die Kriterien der Schulqualität entwickeln. Für Ganztagsschulen stellen sich mit den folgenden Themen noch einmal spezifische Fragen an die Schulentwicklung:

- *Erstens* benötigen Ganztagsschulen einen rhythmisierten Schultag, der Unterricht und freie Zeit, Förderung und Angebote, Lernarbeit und Pausen, Kopf und Körper, Vormittag und Nachmittag in ein angemessenes entwicklungsförderndes Verhältnis zueinander bringt. Bewegungsaktivitäten brauchen einen Takt, um den Tagesablauf zwischen konzentriertem Arbeiten, Ruhe und Bewegung zu rhythmisieren.

- *Zweitens* entsteht an Ganztagsschulen ein vermehrter Bedarf an Bewegungs- und Sportangeboten zur Betreuung und außerunterrichtlichen Jugendbildung. Sport und Bewegung sind die nachgefragtesten Aktivitäten im Ganztagsangebot. Die Angebote sind nicht nur auf den Nachmittag zu beschränken, sondern können in einem rhythmisierten Schultag auch in den Vormittag oder die Mittagspause integriert werden.
- *Drittens* spielt in der Ganztagsschule das gesamte Feld der informellen und non-formellen Bewegungsgelegenheiten und -angebote eine bedeutende Rolle (Neuber, 2010). Pädagogische Konzepte zum Ganztag gehen davon aus, dass nicht der ganze Schultag mit einem Lerncurriculum gefüllt werden kann und soll, sondern Räume zur Selbstgestaltung bereitgestellt werden müssen. In diesem Kontext legen Schulen Wert auf Pausen und offene Bewegungs- und Rückzugsmöglichkeiten im Schulgelände. Dabei geht es besonders um die Freiraumgestaltung (vgl. Derecik, 2015).
- *Viertens* soll der Unterricht bewegter werden. Sofern Ganztagsschulen auch am Nachmittag Pflichtunterricht durchführen, sind sie mit der Frage konfrontiert, wie viele verschiedene Fächer hintereinander sinnvoll unterrichtet werden können. Viele Ganztagsschulen sind dazu übergegangen, nicht nur die Stunden in einen gestalteten Tagestakt zu bringen, sondern auch die Lernzeit innerhalb der einzelnen Unterrichtsstunden durch Umstellung auf längere Zeiteinheiten von 60 bis 90 Minuten zu rhythmisieren (vgl. Hildebrandt-Stramann, 2010). Auf diese Weise lassen sich ein rhythmisiertes Lernen mit unterschiedlichen Phasen der Anspannung und Entspannung mit Bewegungspausen einerseits und bewegtes Lernen und Unterrichten andererseits initiieren.

6

Handlungsfelder für Schule und Unterricht

Im letzten Kapitel soll in konstruktiver Absicht und in relativ knapper Form gezeigt werden, in welchen Handlungsfeldern eine Schule aktiv werden kann, um eine bewegungsorientierte Schulentwicklung zu beginnen oder weiterzuführen. Unterstützt werden kann dieser Prozess durch Bestandserhebungen und Beratungen von externen Experten ebenso wie internen Fortbildungen.

Schulentwicklung braucht konkrete praktische Handlungsfelder, in denen die Akteure und Akteursgruppen ihre Interessen und Vorstellungen von Bewegung, Spiel und Sport in der Schule realisieren können. Diese sind aber immer mit dem Prozess der Schulprogrammarbeit und Schulqualitätsentwicklung zu verknüpfen, um die anvisierte Bewegungsorientierung nicht einer Beliebigkeit und einem Aktionismus ohne Nachhaltigkeit auszusetzen. Schulkultur – wie in Kap. 4.2 beschrieben – verlangt die Verständigung der Akteure im Kontext von Schulentwicklung. Nachhaltigkeit zeigt sich dann an der Entfaltung konkreter Handlungsfelder im Horizont der jeweiligen Schulkultur.

So verstanden, bilden die einzelnen Handlungsfelder jeweils Meilensteine einer bewegungsorientierten Schulentwicklung. Oft bietet es sich an, mehrere Handlungsfelder nebeneinander zu entwickeln, sie miteinander zu verbinden oder bereits begonnene Aspekte einzelner Handlungsfelder weiterzuführen.

Die Grundidee der Handlungsfelder besteht darin, den schulischen Lern- und Lebensraum gemeinsam mit den Akteuren und Akteursgruppen aus der Bewegungsperspektive umzugestalten und dabei Gelegenheiten für bewegungsbezogenes Handeln zu schaffen. Eine solche Umgestaltung bezieht sich auf die Räume im *Schulhaus* (Flure, Foren, Klassenräume und Funktionsnischen), auf das *schulische Gelände* (die räumliche Strukturierung in Zonen oder Flächen sowohl für die unterschiedlichen Bewegungs- und Sportaktivitäten als auch für Ruhe-, Rückzugs- und Lernmöglichkeiten) und prinzipiell auch, aber hier nicht weiter behandelt, auf die Verbindung von Schule und Wohnung, also Schulwege und Lebensraum im Wohnumfeld (vgl. Aue u. a., 2014). Einbezogen werden auch der Sportunterricht sowie AGs, in denen Anregungen für vielfältiges Bewegen gegeben werden können.

Die Beschaffenheit und Ausstattung im *Schulhaus* muss darauf hin geprüft werden, inwieweit sie Alltagsbewegungen mit wechselnder Beanspruchung (Gehen, Stehen, Sitzen im Unterricht und zwischen den Stunden) in einem ausgewogenen Verhältnis ermöglichen, aber auch Bewegungsaktivitäten des Balancierens (Stege, Balken, Mauern), Tischballspielens (Tischtennis, Billard), Kletterns (horizontale Kletterwand), Steigens (Murmelbahn im Treppenhaus) oder auch Hüpfens (Trampoline) als Gelegenheiten zulassen. Im *Außengelände* der Schule geht es zum einen um die Bodenbeschaffenheit, also um ebene und unebene Flächen, Rasen, Sand, Schotter, Asphalt und Pflastersteine, und um die Strukturierung und Abgrenzung von Flächen durch Wälle, Büsche, Bäume, Wände usw., wobei eine Balance zwischen Künstlichkeit und Naturwüchsigkeit gefunden werden muss. Zum anderen geht es um die materielle Ausstattung mit Sport- und Spielgeräten wie Basketballkörben, Netzen/Schnüren für Rückschlagspiele, Tore für Fuß- und Handballspiele, Hinkelkästchen für Hüpfspiele, Treckerreifen, Baumstämme, Leitern zum Balancieren und Klettern, Bälle aller Art zum Werfen, Fangen, Prellen, Spiele spielen sowie Murmeln, Stöcke und Steine für Spiele in der Natur.

Insgesamt ist eine Stärkung der informellen Bewegungs- und Sportaktivitäten gemeint, ohne den Anregungscharakter von unterrichtlichen und außerunterrichtlichen Bewegungs- und Sportangeboten zu vernachlässigen. Im Kern geht es darum, die Eigeninitiative der Schülerinnen und Schüler mit der Erwartung zu fördern, dass sich daraus eine *Veralltäglichung von Bewegungsaktivitäten* ergibt, die sich auch in der Nutzung von außerschulischen Bewegungsgelegenheiten niederschlägt, wie z. B. dadurch, dass Rasenflächen als Ballspielflächen, Mauern als Balanciergelegenheiten, Bäume zum Klettern, Sträucher als Verstecke, Gelände für Laufspiele, Sand und Erde als formbare Masse, Stöcke, Steine und Murmeln für Spiele gesehen und genutzt werden. Bewegungsaktivitäten dürfen nicht länger *nur* in sportive Räumlichkeiten mit organisierten Angeboten gedrängt, sondern müssen wieder auf die Straße und ins Gelände gebracht werden. Hier sind die Städte und Kommunen gefragt, um einen bewegungsorientierten Lebensraum zu gestalten. Dort, wo die Gefahren so groß und die Urbanisierung so weit vorangeschritten sind, dass Kinder sich nicht mehr frei bewegen können, müssen die Straße und die Umgebung für das Kinderspiel und für jugendliche Bewegungsaktivitäten zurückerobert und renaturiert werden (vgl. Hildebrandt, Landau & Schmidt, 1994). Wir verdrängen die Kinder seit Jahren städtebaulich von der Straße, beklagen die Folgen und beschuldigen die Opfer, dass sie nicht mehr das leisten, was sie konnten, als sie noch auf die Straße durften.

Die Schule kann durch eine förderliche Bewegungsorientierung für Kinder und Jugendliche einen Beitrag zu einem bewegungsaktiven

Lebensstil leisten. Die folgenden Handlungsfelder geben Anregungen für die Schulentwicklungsarbeit im oben beschriebenen Sinne.

Bewegungsanlässe schaffen

Dieses Handlungsfeld befasst sich mit dem Appell-Charakter von Räumen und Dingen, die Kinder und Jugendliche auffordern, sich zu bewegen. Bälle bleiben nicht liegen, sie fordern dazu auf, in Besitz genommen zu werden und mit ihnen zu hantieren. In diesem Sinne geht es darum, das *Schulhaus* und das *Schulgelände* darauf hin zu prüfen, wo und mit welchen Geräten, Materialien und Einrichtungen Gelegenheiten zum Sich-Bewegen geschaffen werden können. Beispiele zur Schaffung von Bewegungsanlässen:

- Körbe und Tore für Zielschuss- und Wurfspiele bzw. Ziele für Wurfgelegenheiten
- Natürliche Geländeformen und -ausstattungen zum Klettern, Rennen oder Versteckspielen
- Balancierbalken, Trecker- und LKW-Reifen, bewegliche Balken, Bretter und Holzkisten
- Rollgeräte für Asphaltflächen
- Sand- und Erdflächen als Gelegenheiten für Murmelspiele oder Spiele mit natürlichen Materialien
- Bäume als Male oder Markierungen für Fang- und Nachlaufspiele

Anregungen können auch über selbst erstellte Spielebücher entstehen. Die Materialien lassen sich über eine Geräteausleihe in Schülerselbstverwaltung bereitstellen.

Der Schulhof als Bewegungs- und Ruheraum

Neben der Einrichtung von zahlreichen informellen Bewegungsanlässen lassen sich mehr oder wenigen klar strukturierte und funktional ausgewiesene Flächen auf dem Schulhof einrichten, die für Ballspiele, Kommunikation, Hüpf-, Fang- und Nachlaufspiele, Ruhe, Materialspiele, Bewegungskünste wie Einradfahren und Jonglieren u.v.m. geeignet sind (vgl. Derecik, 2015). Dabei können diese Funktionsflächen nach natürlichen Gegebenheiten oder künstlichen Ordnungen gegliedert werden. Solche *Funktionsbereiche* müssen Bewegungs-, Rückzugs-, Lern- und Ruhebereiche gleichermaßen berücksichtigen. Unterschiedliche Bodenflächen, verschiedene Begrenzungen und Ausstattungen bestimmen die Funktionsflächen, es wechseln sich Rasen, Asphalt, Sand/Erde, Mulch oder Pflastersteine ab und erfahren durch Büsche, Bäume, Wälle, Hügel, Zäune u. a. »natürliche« Begrenzungen. Wege durchziehen das Gelände und verbinden die Bereiche. In diesem Sinne können Schulhöfe zunehmend in Bewegungshöfe umgestaltet werden. Dabei ist die jeweils gegebene bauliche Substanz zu berücksichtigen. *Vor* jeder *Möblierung* von Flächen sollte der Bewegungsraum dahingehend geprüft werden, ob nicht durch *einfache* Veränderungen in der Raumgestaltung ein auffordernder Charakter zum Sich-Bewegen geschaffen werden kann. Ziel ist ein Schulhof, der zum Turnen, Korbballspielen, Fußballspielen, Skaten, Rollschuhlaufen u. a. geeignet ist. Er weist ebenso Ruhezonen mit Bänken aus, die z.B. umgeben sind von Büschen, Rasenflächen oder Erhebungen. Dazwischen muss genügend Raum zum Umhergehen und Sich-Begegnen bleiben. Darüber hinaus können Orte als Grünes Klassenzimmer, Biotop, oder Aufführungs- und Versammlungsfläche (Amphitheater) gestaltet werden.

Bewegungsraum Schulgebäude

Eine Bewegungsorientierung der Schule findet nicht nur draußen auf dem Schulhof statt. Auch das Schulgebäude muss als Bewegungsraum reflektiert werden. Beispielsweise kann dort, wo es der Platz zulässt oder eine Prioritätensetzung im Sinne von mehr Bewegung beschlossen ist, ein dauerhaft freier Klassenraum zu einem *Bewegungsraum* ausgebaut werden. Die Einrichtung solcher Räume kann nach dem Prinzip der *Bewegungsbaustelle* (vgl. Miedzinski, 2000) mit Brettern, Würfeln Quadern, Strickleitern und Drehscheiben oder mit festen Installationen zum Klettern, Rutschen, Verstecken und Springen erfolgen. Im Schulhaus können Tischtennisplatten, Billardtische oder Fitnessgeräte aufgestellt werden, die nach vereinbarten Regeln genutzt werden dürfen. Aber nicht nur diese funktionsspezifischen Räume können das *Schulhaus* für mehr Bewegung öffnen, sondern auch die Umgestaltung der Flure und Foren zu Wandelhallen, in denen sich Kinder bewegen und aufhalten können, wo sie andere treffen, Ruhe finden, Lerngelegenheiten aus Natur, Technik und Gesellschaft nutzen oder Geschicklichkeitsübungen durch Kleingeräte (Jonglieren, kleine Wurfspiele) ausführen können.

Bewegtes Lernen und Unterrichten

Das kognitive Lernen muss nicht immer im Sitzen stattfinden. Schulen oder einzelne Lehrkräfte, die ihren Unterricht für ein sinnerschließendes Lernen mit Bezug auf die Lebenswelt von Kindern und Jugendlichen öffnen, können Bewegung in ihren Unterricht einbeziehen. Der Klassenraum kann verschiedene Lernecken, Materialregale, einen Leseteppich, Spielnischen, Regale mit Lernhilfen usw. enthalten. Die Schülerinnen und Schüler sind allein schon durch die Gestaltung des Klassenraumes als Lernlandschaft und/oder durch ein Stationenlernen auf Bewegung angewiesen. Viele Arbeiten aus den unterschiedlichen Lernbereichen wie Sprache, Natur und Technik, Gesellschaft, Ästhetik lassen sich durch ein bewegtes Be-Greifen besser leiblich durchdringen und Wissen auch als Körperwissen aufrufen (► Kap. 1.4).

Bezogen auf das Lernen müssen zwei verschiedene Ansätze unterscheiden werden: Zum einen geht es um die lern*begleitende* Funktion der Bewegung und zum anderen um die lern*erschließende* Funktion. Im ersten Ansatz geht es um die Verbesserung der Behaltensleistung und der Konzentrationsfähigkeit in Bezug auf einen Lerngegenstand. Die zweite Funktion von Bewegung für das Lernen geht davon aus, dass sich durch eine Bewegungshandlung unmittelbar im Medium der Bewegung selbst ein Lerngegenstand erschließt. So kann ich mit dem Wissen, wie schwer ein Stein ist, nur etwas anfangen, wenn ich das Gewicht körperlich gespürt habe, ebenso erschließt sich die

Größe eines Raumes unmittelbar durch das Gehen im Raum. So lassen sich mit solchen Aufgaben lern*erschließend* Wörter oder Vokabeln mit dem Körper wahrnehmen, Zeit empfinden, spiegelsymmetrische Darstellungen erleben, Winkelarten empfinden, Atmung spüren, Kunst und Umwelt fühlen. In der Praxis sind diese beiden Funktionen nicht immer trennscharf voneinander abzugrenzen, sondern gehen ineinander über. Trotzdem sind sie zur analytischen Betrachtung des Zusammenspiels von Bewegung und Lernen wichtig. Es geht also nicht darum, immer und zu jedem Lerngegenstand möglichst viel Bewegung zu arrangieren, sondern darum, zu prüfen, wo der Lerngegenstand tatsächlich eng mit leiblichen Erfahrungen verknüpft ist und die abstrakte Form der Sprache durch Bewegung sinnlich erfahrbar werden kann. Bei der lern*begleitenden* Funktion geht es um die Bewegung als *Mittel* für einen Zweck (z. B. um sich eine Vokabel besser merken zu können), bei der lern*erschließenden* Funktion geht es um die Bewegung als Medium, in dem der Lerngegenstand im *Medium* des Bewegens gespürt, hervorgebracht und erschlossen werden kann (vgl. Müller & Schürmann, 2012).

Bewegtes Sitzen

Der herkömmliche Unterricht geht wie selbstverständlich davon aus, dass man am besten im Stillsitzen auf harten und oft unbequemen Stühlen lernt. Mittlerweile hat sich aber die Erfahrung herumgesprochen, dass man auch im Liegen lesen, manche Dinge besser im Stehen tun und ein häufiger Wechsel der Sitz- und Halteposition hilfreich sein kann. Dazu hilft es, das Sitzmobiliar flexibel zu halten und unterschiedliche Sitzgelegenheiten zu bieten: Bälle, Quader, Würfel, Halbwalzen, Dreieckskörper, Bretter usw. bieten sich zum Sitzen an (vgl. Hildebrandt-Stramann, 1999; Pühse & Illi, 1999). Das aktiv-dynamische Sitzen führt zu einem steten Belastungswechsel und damit zu einer natürlichen Beanspruchung des Halteapparats. Beispiele gibt es dazu mittlerweile genug (vgl. Sobczyk & Landau, 2003; Breithecker, 1996). Klassenräume brauchen zur Unterstützung des Lernens und eines bewegungsorientierten Lebensstils dringend eine Veränderung in ihrer Ausstattung mit einem bewegungsauffordernden Mobiliar.

Rhythmisierung im bewegten Schultag

Der Schultag gliedert sich klassisch in 45 Minuten-Einheiten und berücksichtigt nicht den rhythmischen Wechsel von Bewegung und Ruhe. Ein bewegter Schulalltag lässt sich aber nur realisieren, wenn der Ablauf rhythmisiert wird. So gibt es beispielsweise Schulen, die mit einer Gleitzeit beginnen, in der die Kinder Unterschiedliches tun können. Sie haben die Möglichkeit, Aufgaben zu bearbeiten oder mit anderen zu spielen, im Raum umherzugehen, sich zu unterhalten, Ruhe oder Bewegung zu suchen. Es folgt ein 70–90 Minuten dauernder Unterrichtsblock, der sehr unterschiedliche Anforderungen erfüllen soll: konzentriertes und bewegtes Arbeiten im Wechsel, Individualisierung und Gemeinsamkeit, Bearbeitung im Frontalunterricht und in differenzierten Gruppen usw. Es schließt sich eine ausgedehnte Bewegungs- und Spielpause von bis zu 45 Minuten an, die ein gemeinsames Frühstück einschließt. Im folgenden Block von 70–100 Minuten wird stärker projektbezogen und in Vorhaben gearbeitet – eine Unterrichtsform, die ohnehin bewegt ist. Nach erneuter Mittagspause mit 60–90 Minuten folgt an gebundenen Ganztagsschulen eine weitere Lernzeit oder an offenen Ganztagsschulen eine Angebots- und Betreuungszeit mit handwerklichen, technischen, musischen und sportlichen Aktivitäten. Die Frage einer solchen Rhythmisierung stellt sich derzeit allen Ganztagsschulen und auch den Gymnasien mit verkürzter Schulzeit. Ohne Rücksicht auf die Bewegungsbedürfnisse der Kinder und Jugendlichen lässt sich eine solche Schule kaum pädagogisch begründen und wohl auch nicht erfolgreich aufrechterhalten (▸ Kap. 5).

Sport- und Bewegungskulturfeste

Mit Blick auf den außerschulischen Differenzierungsprozess von Sport- und Bewegungsaktivitäten können Schulsport- und Bewegungsfeste den Charakter von Kulturveranstaltungen bekommen. Neben klassischen Wettkämpfen stehen alternative nichtsportliche Formen des Sports zur Verfügung: gemeinsame Spiele ohne Sieger, Geschicklichkeitsübungen mit dem Fahrrad, Jonglieren oder Streetballspiele. So kann beispielsweise eine Schule ein Spielturnier für eine Region austragen oder sich mit einem Zirkusprojekt in der Öffentlichkeit präsentieren; manchmal lassen sich solche Veranstaltungen auch von Unternehmen sponsern. Zu diesen Festen gibt es eine lange Vorbereitung innerhalb und außerhalb des Unterrichts, an der die Schule mit ihren Lern- und Erfahrungsbereichen aus Sport, Kunst und Musik besonderen Anteil hat. Bewegungs- und Sportfeste können auch so gestaltet werden, dass die Schule mit den Eltern und der eingeladenen Nachbarschaft feiert.

Bewegter Sportunterricht

Sportunterricht wird in einer bewegungsaktiven Schule als Auseinandersetzung mit herausfordernden, bewegungsthematischen Situationen verstanden. Die Aufgaben thematisieren nicht vordergründig sportliche Idealformen, sondern bestimmte Bewegungsabsichten, deren Realisierung erst zu sportlichen Bewegungstechniken führen. So geht es beispielsweise beim Bewegungsfeld Turnen um die Erschließung der Bewegungsabsicht »Springen«, was bedeutet, das Bewegungsproblem des Abhebens vom Boden, des Fliegens und beispielsweise des stützenden Überquerens eines Gerätes in Erfahrung zu bringen, zu variieren, zu differenzieren und eine eigene Lösung zu suchen. Ein bewegter Sportunterricht ist an der Selbstaktivierung der Schülerinnen und Schüler orientiert, Eigeninitiative und Selbsttätigkeit sind gefragt und sollen den Unterricht durchziehen. Ein erfahrungsorientiertes Lernen ist einer durchgreifenden Belehrung vorzuziehen (vgl. Funke-Wieneke, 2007; Laging, 2006; Giese, 2009). Gut geeignet sind auch so genannte Wunschsportstunden, in denen die Lernenden die Initiative übernehmen (vgl. Funke, Heine & Schmerbitz, 1979; Schieling, 1993; Maaß, 1996).

Diese *Handlungsfelder* zeigen, dass Bewegung einerseits selbst Gegenstand von Vermittlung und Praxis ist, wie im Bewegungs- und Sportunterricht, in non-formalen und informellen Bewegungsgelegenheiten, dass sie aber auch – und dies sehr grundlegend – integrativer Teil von Lernprozessen und schulischem Leben sein kann. Bewegung ist insofern fachlicher Gegenstand und überfachliches Mittel in einem Wechselwirkungszusammenhang. Bewegungshandeln in Schule und Unterricht als Medium und Mittel von Lernprozessen gehört heute mehr denn je in die Schule. Es trägt durch sinnlich-leibliche Erfahrungen zur grundlegenden Bildung der heranwachsenden Generation bei.

Literatur

Abeling, I. & Städtler, H. (2008). Bewegte Schule – mehr Bewegung in die Köpfe. *Die Grundschulzeitschrift*, 22 (212/213), 42–45.

Alkemeyer, T. (2002). Zeichen, Körper und Bewegung – Praxisformen der Vergemeinschaftung und der Selbst-Gestaltung im neuen Straßensport. *Spektrum Freizeit*, 24 (2), 92–108.

Altrichter, H. & Helm, Ch. (2011). Schulentwicklung und Systemreform. In H. Altrichter & Ch. Helm (Hrsg.), *Akteure & Instrumente der Schulentwicklung* (S. 13–36). Baltmannsweiler: Schneider.

Aschebrock, H. (2013). Schulentwicklung. Bewegte Schule. In P. Neumann & E. Balz, E. (Hrsg.), *Sport-Didaktik. Pragmatische Fachdidaktik für die Sekundarstufe I und II* (S. 146–155). Berlin: Cornelsen Scriptor.

Aue, K., K., Deger, S., Huber, G. & Ungerer-Röhrich, U. (2014). Schule steht auf! Gegen eine sitzende und für eine bewegte Lebensweise bei Kindern und Jugendlichen. *Sportunterricht*, 63 (5), 143–147.

Baacke, D. (1991). *Die 13–18jährigen* (5. Aufl.). Weinheim: Beltz.

Balz, E. (2011). Schulsportentwicklungsforschung. In E. Balz, M. Bräutigam, W.-D. Miethling & P. Wolters (Hrsg.), *Empirie des Schulsports* (S. 174–196). Aachen: Meyer & Meyer.

Balz, E. & Stibbe, G. (2003). Bewegung, Spiel und Sport im Schulprogramm. *Sportpädagogik*, 27 (1), 4–9.

Bartnitzky, H. u. a. (Hrsg.) (2009). *Kursbuch Grundschule*. Frankfurt a. M.: Grundschulverband.

BASPO (2013). *Täglich mehr Bewegung in der Schule* (3., überarb. Aufl.). Magglingen: BASPO.

BASPO (o. J.). *Die Bewegte Schule. Erläuterungen zum Schweizer Modell*. Magglingen: BASPO.

Baumert, J. (2002). Deutschland im internationalen Bildungsvergleich. In N. Killius, J. Kluge & L. Reisch (Hrsg.), Die *Zukunft der Bildung* (S. 100–150). Frankfurt a. M.

Baur, J. & Burrmann, U. (2004). Informelle und vereinsgebundene Sportengagements von Jugendlichen: ein empirisch gestützter Vergleich. In E. Balz & D. Kuhlmann (Hrsg.). *Sportengagements von Kindern und Jugendlichen. Grund-*

lagen und Möglichkeiten informellen Sporttreibens (S. 17–30). Aachen: Meyer & Meyer.

Beckmann, H., Janßen, S. & Probst, A. (2012). *Bewegtes Lernen Deutsch: Inhalte in und durch Bewegung nachhaltig verankern 1.–4. Klasse*. Auer: Donauwörth.

Benner, D. (2012). *Allgemeine Pädagogik. Eine systematisch-problemgeschichtliche Einführung in die Grundstruktur pädagogischen Denkens und Handelns* (7., korr. Aufl.). Weinheim und Basel: Beltz Juventa.

Bertelsmann Stiftung (Hrsg.) (2012). *Ganztagsschule als Hoffnungsträger für die Zukunft? Ein Reformprojekt auf dem Prüfstand. Expertise des Deutschen Jugendinstituts (DJI) im Auftrag der Bertelsmann Stiftung*. Bielefeld: Bertelsmann Stiftung.

Betz, M., Baumann, K., Engels, S. & Stürz, H. (2010). Bewegungsverhalten und Rückengesundheit bei Jugendlichen. In M. Betz & K. Hottenrott (Hrsg.), *Training und Gesundheit bei Kindern und Jugendlichen* (S. 83–91). Hamburg: Feldhaus.

Bildungskommission NRW (Hrsg.) (1995). *Zukunft der Bildung – Schule der Zukunft*. Neuwied, Kriftel.

Bilstein, J. & Klein, G. (2002). Die Durchleuchtung des Körpers. Von Disziplinierung und Inszenierung. In G. Becker, Ch. Biermann, J. Bilstein, G. Klein & E. Liebau (Hrsg.), *Schüler 2002* (S. 4–8). Seelze: Friedrich.

Bindel, T. (2008). *Soziale Regulierung in informellen Sportgruppen*. Eine Ethnographie. Hamburg: Czwalina.

Bös, K. (2003). Motorische Leistungsfähigkeit von Kindern und Jugendlichen. In W. Schmidt, I. Hartmann-Tews & W.-D. Brettschneider (Hrsg.), *Erster Deutscher Kinder und Jugendsportbericht* (S. 85–107). Schorndorf: Hofmann.

Bös, K. u. a. (2008). Motorische Leistungsfähigkeit von Kindern. In W. Schmidt (Hrsg.), *Zweiter Deutscher Kinder und Jugendsportbericht. Schwerpunkt: Kindheit* (S. 137–157). Schorndorf: Hofmann.

Bös, K., Krug, S. & Schmidt, St. (2011). Waren Kinder früher aktiver?: eine retrospektive Befragung Erwachsener zu ihrem Bewegungsverhalten im Grundschulalter. *Sportunterricht,* 60 (2), 43–48.

Braunschweiger Arbeitsgruppe (2007). Eine Grundschule auf dem Weg zu einer bewegten Schulkultur. In R. Hildebrandt-Stramann (Hrsg.), *Bewegte Schule: Schule bewegt gestalten* (S. 328–357). Baltmannsweiler: Schneider.

Breithecker, D. (1994). »Arbeitsplatz« Schule: So beweglich wie möglich – so ergonomisch wie nötig. *Lehrhilfen für den Sportunterricht,* 43 (9), 129–135.

Breithecker, D. (1996). Bewegtes Sitzen – ist das kein Widerspruch? *Grundschule,* 28 (10), 21–23.

Brettschneider, W.-D. & Bünemann, A. (2005). Übergewicht: Zunehmendes »Markenzeichen« der jungen Generation. *Sportunterricht*, 54 (3), S. 73–77.

Brettschneider, W. & Kleine, T. (2002). *Jugendarbeit in Sportvereinen: Anspruch und Wirklichkeit.* Schorndorf: Hofmann.

Breuer, C. (Hrsg.) (2013). *Sportentwicklungsbericht 2011/2012. Analyse zur Situation der Sportvereine in Deutschland.* Köln: Strauß.

Büchner, P. & Fuhs, B. (1993). Kindersport. In M. Markefka, M. & B. Nauck (Hrsg.), *Handbuch der Kindheitsforschung* (S. 491–499). Neuwied: Luchterhand.

Buck, G. (1969). *Lernen und Erfahrung.* (2. Aufl.), Stuttgart.

Bünemann, A. (2005). Mediennutzung im Heranwachsendenalter – Ursache für steigende Übergewichtsprävalenzen? *Sportunterricht,* 54 (12), 362–367.

Bünemann, A. (2008). Zum komplexen Ursachengeflecht von Übergewicht und Adipositas im Kindes- und Jugendalter. In W. Schmidt (Hrsg.), *Zweiter Deutscher Kinder und Jugendsportbericht. Schwerpunkt: Kindheit* (S. 115–124). Schorndorf: Hofmann.

Burrmann, U. (2008). Bewegungsräume und informelle Bewegungs-, Spiel- und Sportaktivitäten der Kinder. In W. Schmidt (Hrsg.), *Zweiter Deutscher Kinder und Jugendsportbericht. Schwerpunkt: Kindheit* (S. 391–408). Schorndorf: Hofmann.

Burrmann, U. & Baur, J. (2004). Sportengagierte, aber vereinsmüde Jugendliche? Einige Schlussfolgerungen aus Zeitreihenanalysen. In E. Balz & D. Kuhlmann (Hrsg.). *Sportengagements von Kindern und Jugendlichen. Grundlagen und Möglichkeiten informellen Sporttreibens* (S. 59–74). Aachen: Meyer & Meyer.

Buytendijk, F. J. J. (1956). *Allgemeine Theorie der menschlichen Haltung und Bewegung.* Berlin: Springer. (Reprint 1972).

Combe, A. & Helsper, W. (2002). Professionalität. In H.-U. Otto, T. Rauschenbach & P. Vogel (Hrsg.), *Professionalität und Kompetenz* (S. 29–47). Opladen: Leske + Budrich.

Copei, F. (1969). *Der fruchbare Moment im Bildungsprozeß* (2. Aufl.). Heidelberg: Quelle & Meyer.

Derecik, A. (2011). *Der Schulhof als bewegungsorientierter Sozialraum. Eine sportpädagogische Untersuchung zum informellen Lernen an Ganztagsschulen.* Aachen: Meyer & Meyer.

Derecik, A. (2015). *Praxisbuch Schulfreiraum. Gestaltung von Bewegungs- und Ruheräumen an Schulen.* Wiesbaden: Springer VS.

Dietrich, K. (1992). Bewegungsräume. *Sportpädagogik,* 16 (4), 16–21.

Dietrich, K., Hass, R., Marek, R. & Porschke, C. (2005). *Schulhofgestaltung an Ganztagsschulen. Ein Leitfaden.* Schwalbach: Wochenschau.

Dordel, S. & Breithecker, D. (2003) Bewegte Schule als Chance einer Förderung der Lern- und Leistungsfähigkeit. *Haltung und Bewegung* 23 (2), 5–15.

Drenckhan, I. & Hinsching, J. (2001). Bewegung zwischen Schulkonzept und Schulkultur. *Sportpädagogik*, 25 (2), 19–21.

Duncker, L. (1992). Kulturfragen der Schulpädagogik. Anstöße zur Überwindung des schultheoretischen Funktionalismus. *Neue Sammlung*, 32 (1), 17–33.

Ehni, H. (1985).: Spiel und Sport mit Kindern – ein Wissensangebot. In H. Ehni, J. Kretschmer & K. Scherler (Hrsg.), *Spiel und Sport mit Kindern*. Reinbek: rororo.

Ehni, H. (1990). Bewegungserziehung im Schulalltag. *Die Grundschulzeitschrift*, 4 (36), 2–9.

Fauser, P. (1989). Nachdenken über pädagogische Kultur. *Die deutsche Schule*, 81 (1), 5–25.

Fessler, N., Stibbe, G. (2011). Qualität von Bewegungs-, Spiel- und Sportangeboten im Ganztag. In R. Naul (Hrsg.), *Bewegung, Spiel und Sport in der Ganztagsschule. Bilanz und Perspektiven* (S. 98–113). Aachen: Meyer & Meyer.

Fessler, N., Stibbe, G. & Haberer, E. (2008). Besser lernen durch Bewegung? Ergebnisse einer empirischen Studie in Hauptschulen. *Sportunterricht*, 57 (8), 250–255.

Fischer, N. u. a. (2011). *Ganztagsschule: Entwicklung, Qualität, Wirkungen. Längsschnittliche Befunde der Studie zur Entwicklung von Ganztagsschulen (StEG)*. Weinheim und Basel: Beltz Juventa.

Fölling-Albers, M. (Hrsg.) (1989). *Veränderte Kindheit – veränderte Grundschule*. Frankfurt a. M.: Der Grundschulverband.

Franke, E. (2000). Wissen durch den Körper – Möglichkeiten für eine Renaissance bildungstheoretischen Denkens in der Sportpädagogik. In H.-G. Scherer & J. Bietz (Hrsg.), *Kultur – Sport – Bildung. Konzepte in Bewegung* (S. 95–111). Hamburg: Czwalina.

Franke, E. (2003). Ästhetische Erfahrung im Sport – ein Bildungsprozess? In E. Franke & E. Bannmüller (Hrsg.), *Ästhetische Bildung*. Butzbach-Griedel: Afra.

Franke, E. (2005). Körperliche Erkenntnis – Die andere Vernunft. In: J. Bietz & R. Laging & M. Roscher (Hrsg.), *Bildungstheoretische Grundlagen der Bewegungs- und Sportpädagogik* (S. 180–201). Baltmannsweiler: Schneider.

Funke-Wieneke, J. (2003). »Alle Zöglinge sind gemessen, die Aufgaben sind damit in gehöriges Verhältniß gebracht«. Leisten und Leistung im Bewegungsunterricht. *Sportpädagogik*, 27 (4), 4–9.

Funke-Wieneke, J. (2007). *Grundlagen der Bewegungs- und Sportdidaktik*. Baltmannsweiler: Schneider.

Funke-Wieneke, J. (2010). *Bewegungs- und Sportpädagogik* (2., überarb. Aufl.). Baltmannsweiler: Schneider.

Funke, J., Heine, E. & Schmerbitz, H. (1979). Initiativstunde. *Sportpädagogik,* 3 (1), 36–39.

Gaulhofer, K. & Streicher, M. (1931). *Das Natürliche Turnen*, Bd. 1. Wien: Dt. Verl. für Jugend u. Volk.

Gebauer, G. & Wulf, C. (1998). *Spiel – Ritual – Geste. Mimetisches Handeln in der sozialen Welt.* Reinbek: Rowohlt.

Giese, M. (2009). *Erfahrungsorientierter und bildender Sportunterricht: Ein theoriegeleitetes Praxishandbuch.* Aachen: Meyer & Meyer.

Göhlich, M., Wulf, Ch. & Zirfas, J. (2014). Pädagogische Zugänge zum Lernen – Eine Einleitung. In M. Göhlich, Ch. Wulf & J. Zirfas (Hrsg.), *Pädagogische Theorien des Lernens* (2. Aufl.) (S. 7–22). Weinheim u. a.: Beltz Juventa.

Gräfe, R., Harring, M. & Witte, M. (2015). Körper und Bewegung in der Jugendbildung. Ein thematischer Aufriss. In R. Gräfe, M. Harring, M.D. Witte (Hrsg.), *Körper und Bewegung in der Jugendbildung. Interdisziplinäre Perspektiven* (S. 7–17). Baltmannsweiler: Schneider.

Großmann, H. & Reinmuth, S. I. (2007). Freizeitangebote. In D. Sturzbecher & D. Holtmann (Hrsg.), *Werte, Politik, Gewalt – Was bewegt die Jugend? Aktuelle Ergebnisse einer Befragung* (S. 125–142). Berlin: LIT Verlag.

Grupe, O. (1982). *Bewegung, Spiel und Leistung im Sport. Grundthemen der Sportanthropologie.* Schorndorf: Hofmann.

Grupe, O. (1984). *Grundlagen der Sportpädagogik* (3. Aufl.). Schorndorf: Hofmann.

Heinrich, M. (2007). Die Rolle der Professionellen in der Schulentwicklung. In H. Altrichter & Ch. Helm (Hrsg.), *Akteure & Instrumente der Schulentwicklung* (S. 89–101). Baltmannsweiler: Schneider.

Helsper, W. (2000). Wandel der Schulkultur. *Z. f. Erziehungswissenschaft,* 1 (3), 35–60.

Helsper, W. (2008a). Schulkulturen – die Schule als symbolische Sinnordnung. *Z. f. Pädagogik,* 54 (1), 63–80.

Helsper, W. (2008b). Schulkulturen als symbolische Sinnordnungen und ihre Bedeutung für die pädagogische Professionalität. In W. Helsper (Hrsg.), *Pädagogische Professionalität in Organisationen. Neue Verhältnisbestimmungen am Beispiel der Schule* (S. 115–145). Wiesbaden: VS.

Helsper, W., Böhme, J., Kramer, R.-T. & Lingkost, A. (1998). Entwürfe zu einer Theorie der Schulkultur und des Schulmythos – strukturtheoretische, mikropolitische und rekonstruktive Perspektiven. In J. Keuffer u. a. (Hrsg.),

Schulkultur als Gestaltungsaufgabe. Partizipation –Management – Lebensweltgestaltung (S. 29–75). Weinheim: Deutscher Studienverlag.

Herrmann, U. (2006). Gehirngerechtes Lehren und Lernen: Gehirnforschung und Pädagogik auf dem Weg zur Neurodidaktik? In U. Herrmann (Hrsg.), *Neurodidaktik. Grundlagen und Vorschläge für gehirmgerechtes Lehren und Lernen* (S. 8–17). Weinheim und Basel: Beltz.

Hildebrandt, R. (1993). Lebensweltbezug – Leitmotiv für eine Neuorientierung der Bewegungserziehung in der Grundschule. *Sportwissenschaft,* 23 (3), 259–275.

Hildebrandt-Stramann, R. (1999). *Bewegte Schulkultur. Schulentwicklung in Bewegung.* Butzbach-Griedel: Afra.

Hildebrandt-Stramann, R. (2003). Das Schulprofil erforschen. *Sportpädagogik,* 1 (27), 10–15.

Hildebrandt-Stramann, R. (2007a). Bewegte Schulkultur – Konzeptentwicklung. In R. Hildebrandt-Stramann (Hrsg.), *Bewegte Schule – Schule bewegt gestalten* (S. 2–46). Baltmannsweiler: Schneider.

Hildebrandt-Stamann (2007b). Die Gestaltung einer bewegten Schulkultur. Eine Prozessevaluation. In R. Hildebrandt-Stramann (Hrsg.), *Bewegte Schule – Schule bewegt gestalten* (S. 358–373). Baltmannsweiler: Schneider.

Hildebrandt-Stramann, R. (2010). *Zeit- und Raumkonzepte in der bewegten Ganztagsschule.* Baltmannsweiler: Schneider.

Hildebrandt-Stramann, R., Laging, R. & Teubner, J. (Hrsg.) (2014). *Bewegung und Sport in der Ganztagsschule. StuBSS: Ergebnisse der qualitativen Studie.* Baltmannsweiler: Schneider.

Hildebrandt, R., Landau, G. & Schmidt, W. (Hrsg.) (1994). *Kindliche Lebens- und Bewegungswelt im Umbruch.* Hamburg: Czwalina.

Hinsching, J. (1995). Bewegung und Sport im Lebensraum Schule. *Körpererziehung,* 45 (12), 410–422.

Holtappels, H. G. (Hrsg.) (1995). *Entwicklung von Schulkultur. Ansätze und Wege schulischer Erneuerung.* Neuwied, Kriftel, Berlin: Luchterhand.

Holtappels, H. G. (2003). *Schulqualität durch Schulentwicklung und Evaluation.* München: Luchterhand.

Holtappels, H. G. (Hrsg.) (2004). *Schulprogramme – Instrumente der Schulentwicklung.* Weinheim: Juventa.

Holtappels, H. G. (2011). Schulinterne Steuerungsinstrumente der Schulentwicklung. In H. Altrichter & Ch. Helm (Hrsg.), *Akteure & Instrumente der Schulentwicklung* (S. 131–149). Baltmannsweiler: Schneider.

Hundeloh, H., Kottmann, L. & Pack, R.-P. (2015). *Bewegungsfreudige Schule. Mit Bewegung Schulqualität entwickeln.* Aachen: Meyer & Meyer.

Hurrelmann, K. (2006). *Einführung in die Sozialisationstheorie* (9., unveränd. Aufl.). Weinheim: Beltz.

Hurrelmann, K. & Quenzel, G. (2012). *Lebensphase Jugend. Eine Einführung in die sozialwissenschaftliche Jugendforschung* (11., vollst. überarb. Aufl.). Weinheim und Basel: Beltz Juventa.

Illi, U. (1993). Sitzen als Belastung – Projekt Bewegte Schule. *Haltung und Bewegung,* 13 (2), 11–18.

Illi, U. (1995). Bewegte Schule. *Sportunterricht,* 44 (10), 404–415.

Illi, U. & Zahner, L. (1999). Bewegte Schule – Gesunde Schule. In U. Pühse & U. Illi (Hrsg.), *Bewegung und Sport im Lebensraum Schule* (S. 23–49). Schorndorf: Hofmann.

JuSt (2013). *Jugendsportstudie. Bewegungs- und Sportaktivitäten von Jugendlichen. Erweiterte Auswertung des Datensatzes aus der Vergleichsstudie von G8- und G9-Schülerinnen und Schüler.* Zugriff unter http://www.uni-marburg.de/fb21/ifsm/just

Kleine, W. (2003). *Tausend gelebte Kindertage. Sport und Bewegung im Alltag der Kinder.* Juventa: Weinheim.

Kleine, W. & Podlich, C. (2002). Und sie bewegen sich doch! In P. Elflein, P. Gieß-Stüber, R. Laging & W.-D. Miethling (Hrsg.), *Qualitative Ansätze und Biographieforschung in der Bewegungs- und Sportpädagogik* (S. 129–141). Butzbach-Griedel: Afra.

Klinge, A. (2009). Die Scham ist nie vorbei! Beschämung im Schulsport – eine pädagogische Herausforderung. *Sportunterricht, 58* (10), 296–301.

Klupsch-Sahlmann, R. (1995). Bewegte Schule. *Sportpädagogik,* 19 (6), 14–22.

Klupsch-Sahlmann, R. (Hrsg.) (1999). *Mehr Bewegung in der Grundschule.* Grundlagen, Bewegungschancen im Schulleben, Beispiele für alle Fächer. Berlin: Cornelsen.

Klupsch-Sahlmann, R. (2003). Bewegte Schule – ein Baustein im Schulprogramm. *Sportpädagogik,* 27 (1), 16–22.

Kolbe, F.-U. Reh, S., Fritsche, B., Idel, T.-S. & Rabenstein, K. (Hrsg.) (2009). *Ganztagsschule als symbolische Konstruktion. Fallanalysen zu Legitimationsdiskursen in schultheoretischer Perspektive.* Wiesbaden: VS.

Kolip, P. (1997). *Geschlecht und Gesundheit im Jugendalter. Die Konstruktion von Geschlechtlichkeit über somatische Kulturen.* Opladen: Leske + Budrich.

Krause-Sauerwein, S. (2014). *Das lernförderliche Potential von Bewegung in der Grundschule aus der Sicht von Lehrern – eine qualitative Untersuchung.* Dissertation an der Ludwig-Maximilians-Universität München: Universität München.

Kretschmer, J. (2003a). Beweismangel für Bewegungsmangel. Untersuchungen zur motorischen Leistungsfähigkeit von Grundschülern. Teil 1: Ergebnisse. *Sportpädagogik*, 27 (5), 64–67.

Kretschmer, J. (2003b). Beweismangel für Bewegungsmangel. Untersuchungen zur motorischen Leistungsfähigkeit von Grundschülern. Teil 2: Deutungen und Reaktionen. *Sportpädagogik*, 27 (6), 42–45.

Kretschmer, J. & Giewald, C. (2001). Veränderte Kindheit – veränderter Schulsport? In R. Prohl (Hrsg.), *Bildung und Bewegung* (S. 209–212). Hamburg: Czwalina.

Kretschmer, J. & Wirszing, D. (2008). Motorische Leistungsfähigkeit von Grundschulkindern: Fragen, Ergebnisse, Folgerungen. *Sportunterricht*, 57 (10), 320–326.

Kuhn, P. (2007). Was Kinder bewegt oder: Welche Vorstellungen haben Kinder von einer Bewegten Schule? In R. Hildebrandt-Stramann (Hrsg.), *Bewegte Schule: Schule bewegt gestalten* (S. 383–400). Baltmannsweiler: Schneider.

Kuhn, P. (2009). *Kindgemäße Bewegungserziehung*. Bad Heilbrunn: Klinkhardt.

Laging, R. (1993). Bewegung in die Schule! *Die Grundschulzeitschrift*, 7 (70), 8–16.

Laging, R. (1997). Schulsport als bewegte Schulkultur. *Sportpädagogik*, 21 (1), 62–65.

Laging, R. (2002). Selbstorganisierte Spiel- und Sportaktivitäten. Zur Aneignung von Bewegungsräumen. *Spektrum Freizeit*, II, 38–58.

Laging, R. (2005). Bildung im Bewegungs- und Sportunterricht. In J. Bietz, R. Laging & M. Roscher (Hrsg.), *Bildungstheoretische Grundlagen der Bewegungs- und Sportpädagogik* (S. 271–308). Baltmannsweiler: Schneider.

Laging, R. (2006). Methodisches Handeln im Sportunterricht. Grundzüge einer bewegungspädagogischen Unterrichtslehre. Seelze: Kallmeyer.

Laging, R. (2007). Theoretische Bezüge und Konzepte der Bewegten Schule. Grundlagen und Überblick. In R. Laging G. Schillack (Hrsg.), *Die Schule kommt in Bewegung. Konzepte, Untersuchungen und praktische Beispiele zur Bewegten Schule* (2., veränderte Aufl.) (S. 2–38). Baltmannsweiler: Schneider.

Laging, R. (2014). Sport- und Bewegungsangebote in der Ganztagsschule. *Sportpädagogik*, 38 (3+4), 65–69.

Laging, R., Böcker, P. & Dirks, F. (2014). Zum Einfluss der Schulzeitverkürzung (G8) auf Bewegungs- und Sportaktivitäten von Jugendlichen. *Sportunterricht*, 63 (3), 66–72.

Laging, R. & Dirks, F. (2014). Bewegung, Spiel und Sport im Konzept der Ganztagsschule – Rekonstruktionen zur Schulentwicklung. In R. Hildebrandt-Stramann, R. Laging & J. Teubner (Hrsg.), *Bewegung und Sport in der*

Ganztagsschule. StuBBS: Ergebnisse der qualitativen Studie (S. 118–171). Baltmansweiler: Schneider.

Laging, R. & Stobbe, C. (2011a). Bewegungsaktivitäten als Bildungsangebot in der Ganztagsschule – Ergebnisse einer Befragung aus dem Projekt StuBSS. In M. Krüger & N. Neuber (Hrsg.), *Bildung im Sport. Beiträge zu einer zeitgemäßen Bildungsdebatte* (S. 201–223). Wiesbaden: VS.

Laging, R. & Stobbe, C. (2011b). Bewegungsaktivitäten im Alltag von Ganztagsschulen – Ausgewählte Ergebnisse aus dem Projekt StuBSS. In R. Naul (Hrsg.), *Bewegung, Spiel und Sport in der Ganztagsschule* (S. 213–228). Aachen: Meyer & Meyer.

Laging, R., Derecik, A., Riegel, K. & Stobbe, C. (2010). *Mit Bewegung Ganztagsschule gestalten.* Baltmannsweiler: Schneider.

Langer, R. (2007). Schüler/innen, Eltern und weitere Anspruchsgruppen. In H. Altrichter & Ch. Helm (Hrsg.), *Akteure & Instrumente der Schulentwicklung* (S. 103–127). Baltmannsweiler: Schneider.

Leitner, M. & Kainberger, S. (2015). Lernen braucht eine Bewegte Schule! *Bewegung und Sport,* 69 (1), 21–23.

Leitner, M., Oebelsberger, W., Städtler, H., Thuma, M. & Wimmer, M. (2015). Schulen in Bewegung bringen. Grundsatzpapier für Bewegte Schule Österreich. *Bewegung & Sport,* 69 (1), 10–12.

Liebau, E. (1992). *Die Kultivierung des Alltags. Das pädagogische Interesse an Bildung, Kunst und Kultur.* Weinheim und München: Juventa.

Liebau, E. (2014). Leibliches Lernen. In M. Göhlich, Ch. Wulf & J. Zirfas (Hrsg.), *Pädagogische Theorien des Lernens* (2. Aufl.) (S. 102–112). Weinheim u. a.: Beltz Juventa.

Lippitz, W. (1984). Überlegungen zu einer phänomenologisch-hermeneutisch begründeten Pädagogik. In H. Danner & W. Lippitz (Hrsg.), *Beschreiben – Verstehen – Handeln. Phänomenologische Forschungen in der Pädagogik* (S. 81–90). München: Röttger.

Löw, M. (2001). *Raumsoziologie.* Frankfurt a. M.: Suhrkamp.

Maaß, P. (1996). Die Wunschsportstunde. Sportpädagogik, 20 (2), 37–40.

Merleau-Ponty, M. (1966). *Phänomenologie der Wahrnehmung.* Berlin: Walter de Gruyter & Co.

Meyer-Drawe, K. (1984). Lernen als Umlernen. Zur Negativität des Lernprozesses. In: W. Lippitz & K. Meyer-Drawe (Hrsg.), *Lernen und seine Horizonte* (2. Aufl.) (S. 19–45). Frankfurt a. M.: Scriptor.

Meyer-Drawe, K. (1999a). Zum metaphorischen Gehalt von »Bildung« und »Erziehung«. *Z. f. Pädagogik,* 45 (3), 162–175.

Meyer-Drawe, K. (1999b). »Ästhetische Emanzipation«. Suchbewegungen. In C. Dietrich & H.-R. Müller (Hrsg.), *Bildung und Emanzipation. Klaus Mollenhauer weiterdenken* (S. 93–48). Weinheim, München: Juventa.

Miedzinski, K. (2000). *Die Bewegungsbaustelle. Kinder bauen ihre Bewegungsanlässe selbst.* Dortmund: Modernes Lernen.

Müller, C. (2010). *Bewegte Grundschule. Aspekte einer Didaktik der Bewegungserziehung als umfassende Aufgabe der Grundschule* (3., neu bearb. Aufl.). Sankt Augustin: Academia.

Müller, C. & Schlöffel, R. (2004). *Bewegtes Lernen in modernen Fremdsprachen – dargestellt am Beispiel des Faches Englisch. Klassen 5 bis 10/12: didaktisch-methodische Empfehlungen.* St. Augustin: Academia.

Müller, C. & Schürmann, V. (2012). Bewegung als Medium und Mittel – Zur Bildungsdimension der Bewegten Schule. *Leibziger sportwissenschaftlich Beiträge,* LIII (1), 9–22.

Müller, C. & Petzold, R. (2002). *Längsschnittstudie bewegte Grundschule. Ergebnisse einer vierjährigen Erprobung eines pädagogischen Konzeptes zur bewegten Grundschule.* Sankt Augustin: Academia.

Müller, C. & Petzold, R. (2006). *Bewegte Schule. Aspekte einer Didaktik der Bewegungserziehung in den Klassen 5 bis 10/12.* Sankt Augustin: Academia.

Naul, R. (2014). Bewegung, Spiel und Sport in Ganztagsschulen. Konzepte für die Bildungspartnerschaft zwischen Ganztagsschulen und Sportvereinen. In H. Aschebrock, E. Beckers & R.-P. Pack (Hrsg.), *Bildung braucht Bewegung – vom Bildungsverständnis zur Bildungspraxis im Kinder- und Jugendsport* (S. 221–249). Aachen: Meyer & Meyer.

Neuber, N. (2008). Zwischen Betreuung und Bildung – Bewegung, Spiel und Sport in der Offenen Ganztagsschule. *Sportunterricht,* 57 (6), 180–185.

Neuber, N. (2010). Informelles Lernen im Sport – ein vernachlässigtes Feld der allgemeinen Bildungsdebatte. In N. Neuber (Hrsg.), *Informelles Lernen im Sport. Beiträge zur allgemeinen Bildungsdebatte* (S. 9–34). Wiesbaden: VS.

Niekrenz, Y. & Witte, M. (2011). Zur Bedeutung des Körpers in der Lebensphase Jugend. In Y. Niekrenz & M. Witte (Hrsg.), *Jugend und Körper. Leibliche Erfahrungswelten* (S. 63–78). Weinheim & München: Juventa.

Oppolzer, U. (2015). *Bewegte Schüler lernen leichter: Ein Bewegungskonzept für die Primarstufe, Sekundarstufe I und II.* Dortmund: borgmann.

Otto, H.-U. & Coelen, T. (2004). Auf dem Weg zu einem neuen Bildungsverständnis: Ganztagsschule oder Ganztagsbildung? In H.-U. Otto & T. Coelen (Hrsg.), *Grundbegriffe der Ganztagsbildung: Beiträge zu einem neuen Bildungsverständnis in der Wissensgesellschaft* (S. 7–16). Wiesbaden: VS-Verlag.

Palagyi, M. (1924). *Naturphilosophische Vorlesungen über die Grundprobleme des Bewußtseins und des Lebens* (2. Aufl.). Leipzig: Barth.

Piaget, J. (1974). *Theorien und Methoden der modernen Erziehung.* Frankfurt a. M.: Fischer.

Polzin, M. (Hrsg.) (1992). *Bewegung, Spiel und Sport in der Grundschule. Fachliche und fächerübergreifende Orientierung.* Frankfurt a. M.: Arbeitskreis Grundschule.

Probst, A. (2013). Wissen kompakt: Ästhetische Bewegungserziehung. *Motorik,* 36 (1), 42–44.

Prohl, R. (2006). *Grundriß der Sportpädagogik* (2. Aufl.). Wiebelsheim: Limpert.

Prohl, R. & Scheid, V. (2012). Bewegungskultur als Bildungsmedium. In V. Scheid & R. Prohl (Hrsg.), *Sportdidaktik. Grundlagen – Vermittlung – Bewegungsfelder* (S. 18–34). Wiebelsheim: Limpert.

Pühse & U. Illi (Hrsg.), *Bewegung und Sport im Lebensraum Schule* (S. 23–49). Schorndorf: Hofmann.

Raczek, J. (2002). Entwicklungsveränderungen der motorischen Leistungsfähigkeit der Schuljugend in drei Jahrzehnten (1965–1995). Tendenzen, Ursachen und Konsequenzen. *Sportwissenschaft,* 32 (2), 201–216.

Rauschenberger, H. (1999). *Erzieherisches Denken und Handeln. Gesellschaftliche Entwicklungen in ihrer Wirkung auf Schule und Unterricht.* Weinheim, München: Juventa.

Regensburger Projektgruppe (2001). *Bewegte Schule – Anspruch und Wirklichkeit: Grundlagen, Untersuchungen, Empfehlungen.* Schorndorf: Hofmann.

Rittelmeyer, C. (2002). *Pädagogische Anthropologie des Leibes. Biologische Voraussetzungen der Erziehung und Bildung.* Weinheim und München: Juventa.

Rolff, H.-G. (1983). Massenkonsum, Massenmedien und Massenkultur – Über den Wandel kindlicher Aneignungsweisen. In Preuss-Lausitz u. a. (Hrsg.). *Kriegskinder, Konsumkinder, Krisenkinder* (S. 153–167). Weinheim und Basel: Beltz.

Rolff, H.-G. (2007). Schulentwicklung: Entstehungsgeschichte, Begriff und Gelingensbedingungen. In H.-G. Rolff (Hrsg.), *Studien zu einer Theorie der Schulentwicklung* (11–20). Weinheim: Beltz.

Rousseau, J. J. (1762/1876). *Emil oder über die Erziehung.* Braunschweig: Verl. Der Schulbuchhandlung.

Rumpf, H. (1980). Schulen der Körperlosigkeit. Über einige Fortschritte der Entsinnlichung und das neue Wagenschein-Buch. *Neue Sammlung,* 20 (5), 452–463.

Rumpf, H. (1981). *Die übergangene Sinnlichkeit. Drei Kapitel über die Schule.* München: Juventa.

Rusch, H. & Irrgang, W. (2002). Aufschwung oder Abschwung? Verändert sich die körperliche Leistungsfähigkeit von Kindern und Jugendlichen oder nicht? *Haltung und Bewegung*, 22 (2), 5–10.

Scherer, H. (2008). Zum Gegenstand von Sportunterricht: Bewegung, Spiel und Sport. In H. Lange & S. Sinning (Hrsg.), *Handbuch Sportdidaktik* (S. 24–39). Balingen: Spitta.

Scherer, H.-G. (2005). Bewegung und Bildung – Relationale Bildung im Bewegungshandeln. In J. Bietz, R. Laging & M. Roscher (Hrsg.), *Bildungstheoretische Grundlagen der Bewegungs- und Sportpädagogik* (S. 85–122). Baltmannsweiler: Schneider Verlag Hohengehren.

Scherer, H.-G. & Bietz, J. (2013). *Lehren und Lernen von Bewegungen.* Baltmannsweiler: Schneider.

Scherler, K. (1975). *Sensomotorische Entwicklung und materiale Erfahrung.* Schorndorf: Hofmann.

Schieling, G. (1993). An Einfällen mangelt es nie – Unterrichtsprotokoll einer Wunschsportstunde. *Die Grundschulzeitschrift*, 7 (70), 16–17.

Schmidt-Millard, T. (2005). Bildung im Kontext einer Bildungstheorie. In J. Bietz & R. Laging & M. Roscher (Hrsg.), *Bildungstheoretische Grundlagen der Bewegungs- und Sportpädagogik* (S. 142–153). Baltmannsweiler: Schneider.

Schmidt, W. (1997). Veränderte Kindheit – veränderte Bewegungswelt: Analysen und Befunde. *Sportwissenschaft*, 27 (2), 143–160.

Schmidt, W. (2003). Kindersport im Wandel. In W. Schmidt, I. Hartmann-Tews & W.-D. Brettschneider (Hrsg.), *Erster Deutscher Kinder und Jugendsportbericht* (S. 109–126). Schorndorf: Hofmann.

Schwier, J. (2011). »Express Yourself«. Jugendliche Bewegungskulturen in urbanen und naturnahen Räumen. In Y. Niekrenz & M. Witte (Hrsg.), *Jugend und Körper. Leibliche Erfahrungswelten* (S. 63–78). Weinheim und & München: Juventa.

Serwe, E. (2011). *Schulsportentwicklung – sportpädagogische Perspektiven im schulischen Innovationsprozess.* Aachen: Meyer & Meyer.

Sobczyk, B. & Landau, G. (2003). *Das mobile Klassenzimmer: ein neuer Weg zur Entwicklungs- und Bewegungsförderung von Grundschulkindern.* Immenhausen bei Kassel: Prolog.

Spieß, A. (1842). *Gedanken über die Einordnung des Turnwesens in das Ganze der Volkserziehung.* Basel: Schweighaufer Verlag.

Spitzer, M. (2007). *Lernen. Gehirnforschung und die Schule des Lebens.* München: Spectrum.

Städtler, H. (2007). Bewegte Schule – Schule als lernendes System im Stadtteil. Das Beispiel der Fridjof-Nansen. In R. Hildebrandt-Stramann (Hrsg.), *Bewegte Schule: Schule bewegt gestalten* (S. 97–111). Baltmannsweiler: Schneider.

Städtler, H. (2010). Bewegte Schule Niedersachsen – mehr Bewegung in die Köpfe. *Haltung und Bewegung*, 30 (2+3), 22–27.

Städtler, H. (2015). Bewegung macht Schule. *Bewegung und Sport*, 69 (1), 6–9.

Stibbe, G. (2004). *Schulsport und Schulprogrammentwicklung*. Aachen: Meyer & Meyer Verlag.

Straus, E. (1956). *Vom Sinn der Sinne*. Berlin, Göttingen, Heidelberg: Springer.

Süßenbach, J. & Geis, S. (2014). *Kooperation Sportverein und Ganztagsschule. Ergebnisse einer Vereinsbefragung in Niedersachsen*. Hannover: Landessportbund Niedersachsen.

Sygusch, R., Brandl-Bredenbeck, H.-P. & Burrmann, U. (2009). Normative Implikationen sportbezogener Jugendforschung. In E. Balz (Hrsg.), *Sollen und Sein in der Sportpädagogik. Beziehungen zwischen Normativem und Empirischem* (S. 77–92). Aachen: Shaker.

Sygusch, R., Tittlbach, S., Brehm, W., Opper, E., Lampert, T. & Bös, K. (2008). Zusammenhänge zwischen körperlich-sportlicher Aktivität und Gesundheit. In W. Schmidt (Hrsg.), *Zweiter Deutscher Kinder und Jugendsportbericht. Schwerpunkt: Kindheit* (S. 159–176). Schorndorf: Hofmann.

Sygusch, R., Brehm, W. & Ungerer-Röhrich, U. (2003). Gesundheit und körperliche Aktivität bei Kindern und Jugendlichen. In W. Schmidt, I. Hartmann-Tews & W.-D. Brettschneider (Hrsg.), *Erster Deutscher Kinder- und Jugendsportbericht* (S. 63–84). Schorndorf: Hofmann.

Tamboer, J. (1979). Sich Bewegen – ein Dialog zwischen Mensch und Welt. *Sportpädagogik*, 3 (2), 14–19.

Terhart, E. (1994). Schulkultur. Hintergründe, Formen und Implikationen eines schulpädagogischen Trends. *Z. f. Pädagogik*, 40 (5), 685–699.

Themenheft (1993). Bewegung in die Schule! *Die Grundschulzeitschrift* 7 (70). Velber: Friedrich.

Themenheft (2014). Bewegte Schulentwicklung. *Sportunterricht* 63 (5). Schorndorf: Hofmann.

Themenheft (2015). Bewegte Schule. *Bewegung und Sport* 69 (1). Pukersdorf: Brüder Hollnek.

Thiel, A., Teubert, H. & Kleindienst-Cachay, Ch. (2006). *Die »Bewegte Schule« auf dem Weg in die Praxis. Theoretische und empirische Analysen einer pädagogischen Innovation* (3. Aufl.). Baltmannsweiler: Schneider.

Thiele, J. (1999). »Un-Bewegte Kindheit?« Anmerkungen zur Defizithypothese in aktuellen Körperdiskursen. *Sportunterricht*, 48 (2), 141–149.

Thieme, L. (2013). Ganztag und Sportvereine – empirische Befunde aus Rheinland-Pfalz. *Sportunterricht,* 62 (5), 142–146.

Tillmann, K.-J. (2007). Schultheorie, Schulentwicklung, Schulqualität. In H. Altrichter & Ch. Helm (Hrsg.), *Akteure & Instrumente der Schulentwicklung* (S. 37–57). Baltmannsweiler: Schneider.

Trebels, A. H. (1990). Bewegungsgefühl. Der Zusammenhang von Spüren und Bewirken. *Sportpädagogik,* 14 (4), 12–18.

Trebels, A. H. (1992). Das dialogische Bewegungskonzept. Eine pädagogische Auslegung von Bewegung. In: *Sportunterricht,* 41 (1), 20–29.

Ungerer-Röhrich, U. & Beckmann, G. (2002). Was »bewegt« die »Bewegte Schule« hinsichtlich der motorischen Leistungsfähigkeit und der sozialen Kompetenz der Schülerinnen und Schüler? *Sportunterricht,* 51 (3), 73–77.

Ungerer-Röhrich, U. & Bodner, L. (2014). Qualitäten einer bewegten Schulentwicklung. *Sportunterricht,* 63 (5), 136–142

Volkamer, M. (1987). *Von der Last mit der Lust im Schulsport. Probleme der Pädagogisierung des Sports.* Schorndorf: Hofmann.

Wagenschein, M. (1982). *Verstehen lehren* (7., durchgesehene Aufl.). Weinheim und Basel: Beltz.

Wamser, P. & Leyk, D. (2002). Einfluss des Sportunterrichts auf Unterrichtsstörungen. Eine Langzeitanalyse von Klassenbucheinträgen in der Schule. *Sportunterricht,* 51 (2), 43–47.

Wamser, P. & Leyk, D. (2003). Einfluss von Sport und Bewegung auf Konzentration und Aufmerksamkeit: Effekte eines »Bewegten Unterrichts« im Schulalltag. *Sportunterricht,* 52 (4), 108–113.

Wick, u. a. (2011). Essener Sportvereine und der offene Ganztag an lokalen Grundschulen. In R. Naul (Hrsg.), *Bewegung, Spiel und Sport in der Ganztagsschule. Bilanz und Perspektiven* (S. 229–249). Aachen: Meyer & Meyer.

Woll, A. u. a. (2008). Sportengagements und sportmotorische Aktivität von Kindern. In W. Schmidt (Hrsg.), *Zweiter Deutscher Kinder und Jugendsportbericht. Schwerpunkt: Kindheit* (S. 177–191). Schorndorf: Hofmann.

Worth, A. (2004). *Verbesserung der Rekreationsphasen im Unterricht und in den Pausen durch Angebote zur Haltungs- und Bewegungsschulung.* Berlin: dissertation.de.

Wuppertaler Arbeitsgruppe (2008). *Bewegung, Spiel und Sport im Schulprogramm und im Schulleben. Qualität bewegungsfreudiger Schulentwicklung – Differenzen zwischen Anspruch und Wirklichkeit.* Aachen: Meyer & Meyer.

Zeiher H. J. & Zeiher, H. (1994). *Orte und Zeiten der Kinder. Soziales Leben im Alltag von Großstadtkindern.* Weinheim und München: Juventa.

Zimmer, R. (1990). Bewegung, Sport und Spiel mit Kindern. Aachen: Meyer & Meyer.

Zimmer, R. (1995). Die Schule in Bewegung bringen – Bewegung als Thema offenen Unterrichts in der Grundschule. In F. Borkenhagen & K. Scherler (Hrsg.). *Inhalte und Themen des Schulsports* (S. 61–74). Hamburg: Czwalina.

Zimmer, R. (2010). Handbuch der Bewegungserziehung. Grundlagen für Ausbildung und pädagogische Praxis (9., überarb. und erw. Aufl.). Freiburg: Herder.

Zimmer, R. (2013). Bildung durch Bewegung – Motorische Entwicklungsförderung. In: M. Stamm & D. Edelmann (Hrsg.), *Handbuch frühkindliche Bildungsforschung* (S. 587–601). Springer: Wiesbaden.

Zimmer, R. & Martzy, F. (2008). Bewegte Grundschule. In W. Schmidt (Hrsg.), *Zweiter Deutscher Kinder und Jugendsportbericht. Schwerpunkt: Kindheit* (S. 337–360). Schorndorf: Hofmann.

Zinnecker, J. (1990). Vom Straßenkind zum verhäuslichten Kind. Kindheitsgeschichte im Prozeß der Zivilisation. In: I. Behnken (Hrsg.), *Stadtgesellschaft und Kindheit im Prozeß der Zivilisation* (S. 142–162). Opladen: Leske + Budrich.

Züchner, I. (2013). Sportliche Aktivitäten im Aufwachsen junger Menschen. In I. Züchner & M. Grgic (Hrsg.), Medien, Kultur und Sport. Was Kinder und Jugendliche machen und ihnen wichtig ist. *Die MediKuS-Studie* (S. 89–138). Weinheim: Beltz Juventa.

Züchner, I. & Arnoldt, B. (2011). Schulische und außerschulische Freizeit- und Bildungsaktivitäten. Teilhabe und Wechselwirkungen. In: N. Fischer, H. G. Holtappels, E. Klieme, T. Rauschenbach, L. Stecher & I. Züchner (Hrsg.), *Ganztagsschule: Entwicklung, Qualität, Wirkungen. Längsschnittliche Befunde der Studie zur Entwicklung von Ganztagsschulen (StEG)* (267–290). Weinheim: Juventa.

Züchner, I. & Grgic, M. (2013). Organisiert aktiv – außerschulische und außerunterrichtliche musikalisch-künstlerische und sportliche Aktivitäten. In I. Züchner & M. Grgic (Hrsg.), *Medien, Kultur und Sport. Was Kinder und Jugendliche machen und ihnen wichtig ist. Die MediKuS-Studie* (S. 217–236). Weinheim und Basel: Beltz Juventa.